应急管理系列丛书

应急处置案例分析

方文林　主编

中国石化出版社

内 容 提 要

本书是《应急管理系列丛书》之一，介绍了生产安全事故应急处理的典型案例，详细讲述了事故应急处置的过程，分析了事故的原因和应急处置过程中的成功经验与不足之处，还重点提出了针对性的对策措施。

本书适用于生产经营单位安全管理人员、应急管理人员、其他管理人员和专业技术人员，进行安全培训及工作指导，也可作为政府各级安全监督管理部门从事应急监督管理的人员的参考用书，还可供本科生、研究生、科研人员学习参考。

图书在版编目(CIP)数据

应急处置案例分析 / 方文林主编．
—北京：中国石化出版社，2018．5(2022．7 重印)
(应急管理系列丛书)
ISBN 978-7-5114-4840-8

Ⅰ．①应… Ⅱ．①方… Ⅲ．①突发事件-应急对策-案例 Ⅳ．①D035．34

中国版本图书馆 CIP 数据核字(2018)第 060741 号

中国石化出版社出版发行
地址：北京市东城区安定门外大街 58 号
邮编：100011　电话：(010)57512500
发行部电话：(010)57512575
http://www.sinopec-press.com
E-mail：press@sinopec.com
北京科信印刷有限公司印刷
全国各地新华书店经销
*
850×1168 毫米 32 开本 2．75 印张 67 千字
2018 年 5 月第 1 版　2022 年 7 月第 4 次印刷
定价：15．00 元

《应急管理系列丛书》

编　委　会

前　言

近年来，一些特别重大的突发事件频繁发生，例如“12·23”开县井喷事故、“11·22”黄岛原油管道泄漏爆炸事故、“8·12”滨海新区危化品仓库爆炸事故等，给人们的生命安全、生存环境和财产造成了巨大的损失，同时也造成了极大的社会影响。国家和地方政府高度重视，出台了一系列应急法律法规、国家标准、行业标准和地方标准，规范应急预案的编制管理、应急演练的组织评估、应急物资装备的配备维护、应急管理的推进提高等工作。

如何应对和处置突发事件，是人类社会面对的重要课题。为了防止和减少生产安全事故，保障人民群众生命和财产安全，针对政府和企事业单位日常应急管理和突发事件的处置，编者结合情景构建的最新要求，采用底线思维的方法，对事故风险进行评估，对政府和企业的应急资源进行调查，对政府、专业救援队伍和企业应急能力进行分析，对应急预案进行评估完善，对我国的生产经营单位应急预案编制、应急演练策划、应急物资整备、应急培训、应急指挥和处置技术进行了全面的归类梳理，编写了《应急管理系列丛书》，包括：《情景式应急演练策划与组织》《情景式应急预案编制与管理》《应急物资装备与应急人员培训》《应急指挥与处置》《应急处置案例分析》五个分册。

本册为《应急处置案例分析》，全面介绍了爆炸品事故、气体火灾爆炸事故、易燃液体爆炸事故、易燃固体自燃物质遇水放出易燃气体的火灾爆炸事故、氧化性物质和有机过氧化物爆炸事故、中毒和感染性事故、放射性事故、腐蚀性事故、危险化学品运输交通事故等事故应急处理的典型案例，详细讲述了事故应急处置的过程，分析了事故的原因和应急处置过程中的成功经验与不足之处，还重点提出了针对性的对策措施。

从这些典型案例处置过程中学到应急处置的程序、措施，从分析评估、对策措施中，掌握应急处理改进提高的办法、应急管理的最新方向、现场处置的科学方法。对于提高应急处置的效率、应急管理的水平具有重要的借鉴、参考作用。

由于水平有限和时间仓促，书中不妥之处请各位提出宝贵意见和建议，以便再版时修正。

目录 CONTENTS

4 中毒、感染及人身伤害事故

5 放射性、腐蚀性及危险化学品运输事故

附录

参考文献

1 爆炸品火灾爆炸事故

1.1 危险品仓库特别重大火灾爆炸事故

(1) 事故经过

2015年，某公司危险品仓库运抵区(待申报装船出口货物运抵区的简称，属于海关监管场所，用金属栅栏与外界隔离。由经营企业申请设立、海关批准，主要用于出口集装箱货物的运抵和报关监管)最先起火，并发生爆炸，约30s后发生第二次更剧烈的爆炸。事故现场形成6处大火点及数十个小火点，事故发生两天后，现场明火被扑灭。

此次事故造成165人遇难，8人失踪，798人受伤住院治疗；304幢建筑物、12428辆商品汽车及7533个集装箱受损。已核定直接经济损失68.66亿元人民币。两次爆炸分别形成一个直径15m、深1.1m的月牙形小爆坑和一个直径97m、深2.7m的圆形大爆坑。以大爆坑为爆炸中心，150m范围内的建筑被摧毁，东侧办公楼只剩下钢筋混凝土框架；堆场内大量普通集装箱和罐式集装箱被掀翻、解体、炸飞，形成由南至北的3座巨大堆垛，一个罐式集装箱被抛进办公楼4层房间内，多个集装箱被抛到该建筑楼顶；参与救援的消防车、警车和现场灭火的30辆消防车在事故中全部损毁。

通过分析事发时该公司储存的111种危险货物的化学组分，确定至少有129种化学物质发生爆炸燃烧或泄漏扩散，其中，氢氧化钠、硝酸钾、硝酸铵、氰化钠、金属镁和硫化钠这6种物质的重量占到总重量的50%。同时，爆炸还引燃了周边建筑物以及大量汽车、焦炭等普通货物。本次事故残留的化学品与产生的二次污染物逾百种，对局部区域的大气环境、水环境和土壤环境造成了不同程度的污染。

（2）处置过程

① 爆炸前灭火救援处置

市公安局 110 指挥中心接到该公司火灾报警，立即转警给港区公安局消防支队。与此同时，市公安消防总队 119 指挥中心也接到群众报警。接警后，港区公安局消防支队立即调派救援力量紧急赶赴现场，市公安消防总队也快速调派开发区公安消防队赶赴增援。

港区公安局消防大队首先到场，指挥员侦查发现该公司运抵区南侧一垛集装箱火势猛烈，且通道被集装箱堵塞，消防车无法靠近灭火。指挥员向该公司现场工作人员询问具体起火物质，但现场工作人员均不知情。随后，组织现场吊车清理被集装箱占用的消防通道，以便消防车靠近灭火，但未果。在这种情况下，为阻止火势蔓延，消防员利用水枪、车载炮冷却保护毗邻集装箱堆垛。后因现场火势猛烈、辐射热太高，指挥员命令所有消防车和人员立即撤出运抵区，在外围利用车载炮射水控制火势蔓延，根据现场情况，指挥员请求增援。

与此同时，市公安消防总队 119 指挥中心根据报警量激增的情况，立即增派开发区公安消防支队全勤指挥部及其所属其他支队前往增援。期间，连续 3 次向港区公安局消防支队 119 指挥中心询问灾情，并告知力量增援情况。至此，港区公安局消防支队和市公安消防总队共向现场调派了 3 个大队、6 个中队、36 辆消防车、200 人参与灭火救援。

增援消防队到达现场后，指挥员立即开展火情侦查，并组织在该公司东门外侧建立供水线路，利用车载炮对集装箱进行泡沫覆盖保护。同时，组织疏散该公司和相邻企业在场工作人员以及附近群众100余人。

② 爆炸后现场救援处置

这次事故涉及危险化学品种类多、数量大，现场散落大量氰化钠和多种易燃易爆危险化学品，不确定危险因素众多，加之现场道路全部阻断，有毒有害气体造成巨大威胁，救援处置工作面临巨大挑战。国务院工作组，不惧危险，靠前指挥，科学决策，始终坚持生命至上，千方百计搜救失踪人员，全面组织做好伤员救治、现场清理、环境监测、善后处置和调查处理等各项工作。

市委、市政府迅速成立事故救援处置总指挥部，确定“确保安全、先易后难、分区推进、科学处置、注重实效”的原则，把全力搜救人员作为首要任务，以灭火、防爆、防化、防疫、防污染为重点，统筹组织协调解放军、武警、公安以及安监、卫生、环保、气象等相关部门力量，积极稳妥推进救援处置工作。公安部先后调集8省市公安消防部队的化工抢险、核生化侦检等专业人员和特种设备参与救援处置。公安消防部队会同解放军、武警部队等组成多个搜救小组，反复侦检、深入搜救，针对现场存放的各类危险化学品的不同理化性质，利用泡沫、干沙、干粉进行分类防控灭火。

事故现场指挥部组织各方面力量，有力有序、科学有效推进现场清理工作。按照排查、检测、洗消、清运、登记、回炉等程序，科学慎重清理危险化学品，逐箱甄别确定危险化学品种类和数量，做到一品一策、安全处置，并对进出中心现场的人员、车辆进行全面洗消；对事故中心区的污水，第一时间采取“前堵后封、中间处理”的措施，在事故中心区周围构筑1m高围埝，封堵4处排海口、3处地表水沟渠和12处雨污排水管道，把污水封闭在事故中心区内。同时，对事故中心区及周边大气、水、土壤、海洋环境实行24h不间断监测，采取针对性防范处置措施，防止环境污染扩大。

③ 医疗救治和善后处理

国家卫计委和市政府组织医疗专家，抽调9000多名医务人员，全力做好伤员救治工作，努力提高抢救成功率，降低死亡率和致残率。由国家级、市级专家组成专家救治组和专家巡视组，逐一摸排伤员伤情，共同制定诊疗方案；将伤员从最初的45所医院集中到15所三级综合医院和三甲专科医院，实行个性化救治；组建两支重症医学护理应急队，精心护理危重症伤员；抽调59名专家组建7支队伍，对所有伤员进行筛查，跟进康复治疗；实施出院伤员与基层医疗机构无缝衔接，按辖区属地管理原则，由社区医疗机构免费提供基本医疗；实施心理危机干预与医疗救治无缝衔接，做好伤员、牺牲遇难人员家属、救援人员等人群心理干预工作；同步做好卫生防疫工作，加强居民安置点疾病防控，安置点未发生传染病疫情。民政部将牺牲的消防员全部追认为烈士，就高标准进行抚恤；市政府在依法依规的前提下，给予遇难、失联人员家属和住院的伤残人员救助补偿；组织机关干部和街道社区工作人员，组成服务工作组，对遇难、失联和重伤人员家属进行面对面接待安抚，倾听诉求，解决实际困难。

（3）分析评估

最终认定事故直接原因是：该公司危险品仓库运抵区南侧集装箱内的硝化棉由于湿润剂散失出现局部干燥，在高温（天气）等因素的作用下加速分解放热，积热自燃，引起相邻集装箱内的硝化棉和其他危险化学品长时间大面积燃烧，导致堆放于运抵区的硝酸铵等危险化学品发生爆炸。

该公司违法违规经营和储存危险货物，应急管理极其混乱，未履行安全生产主体责任，致使大量安全隐患长期存在。危险化学品事故应急处置能力不足，没有开展风险评估和危险源辨识评估工作，应急预案流于形式，应急处置力量、装备严重缺乏，不具备初起火灾的扑救能力。

港区公安局消防支队没有针对不同性质的危险化学品准备相应的预案、灭火救援装备和物资，消防队员缺乏专业训练演练，危险化学品事故处置能力不强；市公安消防部队也缺乏处置重大危险化学品事故的预案以及相应的装备；市政府在应急处置中的信息发布工作一度安排不周、应对不妥。专业危险化学品应急救援队伍和装备不足，无法满足处置种类众多、危险特性各异的危险化学品事故的需要。

第一次爆炸发生后，开发区消防支队派出 3 个中队，刚刚进入爆炸区域，第一次爆炸 30s 后，第二次爆炸发生了，2/3 的消防队员受到爆炸冲击波伤害，多名消防队员失联。最先参与灭火救援的消防官兵在第一次爆炸就可能受伤甚至有牺牲，第二次爆炸发生后，先期参与灭火的消防队员几乎全体牺牲。

发出应急响应指令后，市和区县人民政府可根据预警级别和分级负责的原则，及时收集、报告有关信息，公布接报信息的渠道及采取的应急措施，加强对突发事件发生、发展情况的监测和预报工作。

在党中央、国务院坚强领导下，国务院工作组团结带领各有关方面，勇挑重担、迎难而上、连续奋战，现场处置工作有力有序有效，没有发生次生事故灾害，没有发生新的人员伤亡，没有引发重大社会不稳定事件。爆炸发生前，港区公安局消防支队及市公安消防总队初期响应和人员出动迅速，指挥员、战斗员及时采取措施冷却控制火势、疏散在场群众；爆炸发生后，面对复杂的危险化学品事故现场，市委、市政府快速反应、果断决策，迅速协调组织各方面力量科学施救、稳妥处置，全力做好人员搜救、伤员救治、隐患排查、环境监测、现场清理、善后安抚等工作。但是，事故救援处置过程中也存在不少问题：市政府应对如此严重复杂的危险化学品火灾爆炸事故思想准备、工作准备、能力准备明显不足；事故发生后在信息公开、舆论应对等方面不够及时有效，造成一些负面影响；消防力量对事故企业存储的危险化学品底数不清、情况不明，致使先期处置的一些措施针对性、有效性不强。

（4）对策措施

① 把安全生产工作摆在更加突出的位置

各级党委和政府要牢固树立科学发展、安全发展理念，坚决守住“发展决不能以牺牲人的生命为代价”的红线，进一步加强领导、落实责任、明确要求，建立健全与现代化大生产和社会主义市场经济体制相适应的安全监管体系，大力推进“党政同责、一岗双责、失职追责”的安全生产责任体系的建立健全与落实，积极推动安全生产的文化建设、法治建设、制度建设、机制建设、技术建设和力量建设，对安全生产特别是对公共安全存在潜在危害的危险品的生产、经营、储存、使用等环节实行严格规范的监管，切实加强源头治理，大力解决突出问题，努力提高我国安全生产工作的整体水平。

② 推动生产经营单位切实落实安全生产主体责任

充分运用市场机制，建立完善生产经营单位强制保险和“黑名单”制度，将企业的违法违规信息与项目核准、用地审批、证券融资、银行贷款挂钩，促进企业提高安全生产的自觉性，建立“安全自查、隐患自除、责任自负”的企业自我管理机制，并通过调整税收、保险费用、信用等级等经济措施，引导经营单位自觉加大安全投入，加强安全措施，淘汰落后的生产工艺、设备，培养高素质高技能的产业工人队伍。严格落实属地政府和行业主管部门的安全监管责任，深化企业安全生产标准化创建活动，推动企业建立完善风险管控、隐患排查机制，实行重大危险源信息向社会公布制度，并自觉接受社会舆论监督。

③ 进一步理顺港口安全管理体制

认真落实港口政企分离要求，明确港口行政管理职能机构和编制，进一步强化交通、海关、公安、质检等部门安全监管职责，加强信息共享和部门联动配合；按照深化司法体制改革的要求，将港口公安、消防以及其他相关行政监管职能交由地方政府主管部门承担。在港口设置危险货物仓储物流功能区，根据危险货物的性质分类储存，严格限定危险货物周转总量。进一步明确港区海关运抵区安全监管职责，加强对港区海关运抵区安全监督，严防失控漏管。其他领域存在的类似问题，尤其是行政区、功能区行业管理职责不明的问题，都应抓紧解决。

④ 着力提高危险化学品安全监管法治化水平

针对当前危险化学品生产经营活动快速发展及其对公共安全带来的诸多重大问题，要将相关立法、修法工作置于优先地位，切实增强相关法律法规的权威性、统一性、系统性、有效性。建议立法机关在已有相关条例的基础上，抓紧制定、修订危险化学品管理、安全生产应急管理、民用爆炸物品安全管理、危险货物安全管理等相关法律、行政法规；以法律的形式明确硝化棉等危险化学品的物流、包装、运输等安全管理要求，建立易燃易爆、剧毒危险化学品专营制度，限定生产规模，严禁个人经营硝酸铵、氰化钠等易爆、剧毒物。国务院及相关部门抓紧制定配套规章标准，进一步完善国家强制性标准的制定程序和原则，提高标准的科学性、合理性、适用性和统一性。同时，进一步加强法律法规和国家强制性标准执行的监督检查和宣传培训工作，确保法律法规标准的有效执行。

⑤ 建立健全危险化学品安全监管体制机制

建议国务院明确一个部门及系统承担对危险化学品安全工作的综合监管职能，并进一步明确、细化其他相关部门的职责，消除监管盲区。强化现行危险化学品安全生产监管部际联席会议制度，增补海关总署为成员单位，建立更有力的统筹协调机制，推动落实部门监管职责。全面加强涉及危险化学品的危险货物安全管理，强化口岸港政、海事、海关、商检等检验机构的联合监督、统一查验机制，综合保障外贸进出口危险货物的安全、便捷、高效运行。

⑥ 建立全国统一的危险化学品监管信息平台

利用大数据、物联网等信息技术手段，对危险化学品生产、经营、运输、储存、使用、废弃处置进行全过程、全链条的信息化管理，实现危险化学品来源可循、去向可溯、状态可控，实现企业、监管部门、公安消防部队及专业应急救援队伍之间信息共享。升级改造面向全国的化学品安全公共咨询服务电话，为社会公众、各单位和各级政府提供化学品安全咨询以及应急处置技术支持服务。

⑦ 科学规划合理布局，严格安全准入条件

修订《城乡规划法》，建立城乡总体规划、控制性详细规划编制的安全评价制度，提高城市本质安全水平；进一步细化编制、调整总体规划、控制性详细规划的规范和要求，切实提高总体规划、控制性详细规划的稳定性、科学性和执行刚性。建立完善高危行业建设项目安全与环境风险评估制度，推行环境影响评价、安全生产评价、职业卫生评价与消防安全评价联合评审制度，提高产业规划与城市安全的协调性。对涉及危险化学品的建设项目，实施住建、规划、发改、国土、工信、公安消防、环保、卫生、安监等部门联合审批制度，严把安全许可审批关，严格落实规划区域功能。科学规划危险化学品区域，严格控制与人口密集区、公共建筑物、交通干线和饮用水源地等环境敏感点之间的距离。

⑧ 加强生产安全事故应急处置能力建设

合理布局、大力加强生产安全事故应急救援力量建设，推动高危行业企业建立专兼职应急救援队伍，整合共享全国应急救援资源，提高应急协调指挥的信息化水平。危险化学品集中区的地方政府，可依托公安消防部队组建专业队伍，加强特殊装备器材的研发与配备，强化应急处置技战术训练演练，满足复杂危险化学品事故应急处置需要。汲取事故的教训，对应急处置危险化学品事故的预案开展检查清理，进一步明确处置、指挥的程序、战术以及舆论引导、善后维稳等工作要求，切实提高应急处置能力，最大限度减少应急处置中的人员伤亡。采取多种形式和渠道，向群众大力普及危险化学品应急处置知识和技能，提高自救互救能力。

⑨ 严格安全评价、环境影响评价等中介机构的监管

相关行业部门要加强相关中介机构的资质审查审批、日常监管，提高准入门槛，严格规范其从事安全评价、环境影响评价、工程设计、施工管理、工程质量监理等行为。切断中介服务利益关联，杜绝“红顶中介”现象，审批部门所属事业单位、主管的社会组织及其所办的企业，不得开展与本部门行政审批相关的中介服务。相关部门每年要对相关中介机构开展专项检查，对发现的问题严肃处理。建立“黑名单”制度和举报制度，完善中介机构信用体系和考核评价机制。

⑩ 集中开展危险化学品安全专项整治行动

在全国范围内对涉及危险化学品生产、储存、经营、使用等的单位、场所普遍开展彻底的摸底清查，切实掌握危险化学品经营单位重大危险源和安全隐患情况，对发现掌握的重大危险源和安全隐患情况，分地区逐一登记并明确整治的责任单位和时限；对严重威胁人民群众生命安全的问题，采取改造、搬迁、停产、停用等措施坚决整改；对违反规划未批先建、批小建大、擅自扩大许可经营范围等违法行为，坚决依法纠正，从严从重查处。

1.2　燃放烟花爆竹引发火灾事故

（1）事故经过

2011 年，某酒店因燃放烟花爆竹引燃楼表面装饰材料发生

火灾，造成大厦B座楼、A座楼表面及部分房间过火。过火面积约10000m^2。现场消防官兵和公安民警经过近9个小时成功将火灾扑灭，没有造成人员伤亡。

(2) 处置过程

① 部门联动，快速组织应急处置工作

119指挥中心接到火情报警后，消防支队迅速展开先期处置工作，紧张有序调度。2min内，27个消防中队、5个企业消防队、98辆消防战斗车、645名消防官兵赶赴火场。支队成立灭火指挥部，履行灭火调度、指挥职责。同时，市政府应急办迅速成立现场应急救援总指挥部。应急办工作人员及应急指挥车、通信保障车迅速到位，现场协调组织燃气公司、水务集团、电力公司等应急分队展开作业，同时将火情及时通报给省市主要领导。

② 以人为本，有序组织被困人员疏散

接到报告，省市领导第一时间赶到火场，指示在救火的同时尽快疏散群众。物业方在起火初期曾撤出部分群众，但着火的楼仍有人员被困。现场灭火指挥部确立了作战方案，控制火势，力保火势不突入大楼内部，保证安全，不向周边蔓延。最早赶赴火场的消防支队分成18个小组逐层搜救。不到1个小时，被困的60余人全部救出，附近居民区400余人被疏散。

③ 科学决策，内外结合阻止火势蔓延

大厦外墙有可燃保温层，大火迅速蔓延。经过现场分析，由于没有百米以上的消防车，从外灭火几无可能，指挥部立即决定采取内攻，启动跨区域灭火救援预案，周边城市消防部队迅速增援集结，尽最大努力控制火势。

④ 指挥得当，固移结合降低火灾损失

根据火情侦察报告，A、B、C三座楼底部在10层有裙廊连接，大火极有可能通过10层裙廊从B座窜至A座和C座。指挥部决定，B座10层，消防兵组成3个水枪阵地坚守，防止火势顺此蔓延；在A座裙楼设置两个水枪阵地，在A座9个楼层利用消防车设置9个水枪阵地，在8个楼层利用墙壁消火栓设置8个阵地；部署A类压缩空气泡沫消防车，在C座10层起，每隔3层设置一个阵地。这种战术思想使火灾损失降到最低：大火被扑灭后，A座大部分房间仍可使用，C座没有波及，过火最严重的B座，10层以下也完好无损。

（3）分析评估

2011年某酒店B座楼因燃放烟花爆竹引发火灾，造成B座楼、A座楼表面及部分房间过火。经过消防官兵、公安民警的全力扑救，成功将火扑灭，使损失降到了最低，没有造成人员伤亡。

国家安监总局、公安部和省委、省政府对成功扑救酒店大火和善后处理工作给予充分肯定。国家安监总局认为“此次火灾为意外事件，未发生人员伤亡，灭火工作卓有成效，善后处理工作措施得力”。公安部认为“扑救酒店火灾是成功的，是首次中国高层建筑成功灭火，要总结这次高层火灾扑救工作的经验”。

（4）对策措施

火灾发生后，善后处理工作领导小组多次专题研究善后处理工作，在全面分析、准确研判形势的基础上，提出了“五个确保”的工作目标，即确保社会大局稳定，确保财产损失核准，确保火灾原因查清，确保修缮工作进度，确保酒店尽快恢复营业。具体有：

① 全力做好维护稳定工作

组织警力对酒店周边实施隔离封闭，维护好现场及周边的治安秩序；组成5个工作组，对国内业主、外籍业主、企业驻户、临时住客实行分类接待，解决受灾业主实际困难，化解不稳定因素。

② 全力做好损失核查工作

明确了“稳、快、准、好”的四字核查方针，抽调精干力量全力以赴开展损失核查和依法处理工作。

③ 全力做好楼体修缮工作

制定楼体修缮方案，检测结果出来后进行修复；水电气部门密切监控运行情况，确保安全运行，确保酒店尽快恢复营业。

④ 全力做好安全生产工作

市政府召开新闻发布会，发布一系列安全管理措施，组成督导检查组，深入各地区开展督察指导，形成了从严从紧的管控局面。

1.3 运送炸药货车爆炸事故

(1) 事故经过

2011 年，某公司停放在高速公路匝道口旁检测站内的两台运送炸药的货车发生爆炸，造成 9 人死亡、217 人受伤，附近 2 个村和 2 个社区的 5000 多户居民房屋及公共设施不同程度受损，涉及群众 19000 多人。

(2) 处置过程

① 领导重视，靠前指挥

事故发生后，省领导在赶赴现场途中，即电话指示省政府办公厅尽快将事故基本情况通过媒体对外公布，到现场实地查看爆炸情况后，立即主持召开专题会议，听取有关情况汇报，研究部署事故受伤人员救治等善后处置工作。组织成立处置指挥部。明确由公安、安监等部门迅速组织力量查明事故原因，依法严肃处理；强调要全力以赴救治伤员，做好伤亡人员家属安抚工作；要求尽快清理现场，恢复正常秩序，立即开展一次危险品安全管理专项治理，举一反三，吸取教训；同时，强调要加强正面宣传报道，引导社会舆论，消除群众恐慌心理，维护社会稳定。

② 多方合力，及时处置

相关部门按照统一的指挥部署，积极行动、主动作为，形成了各方合力、全力以赴开展救援处置工作的局面，事故处置工作顺利推进，达到了预期目的。事故发生第二天，完成了道路、街面和事故现场的清理，受损电力、通信、供水全面抢通；而后几天内收费站修复完成恢复畅通；死者遗体全部妥善处理，受损的 6 所学校全部恢复上课；存放在附近的 8600t 储备粮全部安全转运。同时，受伤人员安抚救治、受损房屋重建维修、财产损失核查赔偿等工作有序推进。

③ 查清原因，严肃处理

在及时开展事故救援的同时，由相关部门组成事故调查组，对事故原因进行反复核查，查清了相关事实和爆炸原因，明确了事故责任。经查，该运输公司为躲避检查，不按规定线路和时限行驶返回，而将运输炸药货车停放在高速公路附近检测站内，车内炸药由于放置时间较长，与有关物质反应放热或挤压、摩擦、阳光直射等造成内部热积累，到一定程度后产生燃烧，进而引发爆炸。经调查认定，这起事故是一起生产安全责任事故。根据责任认定，相关职能部门对有关责任人进行了严肃处理，依法关闭了该运输公司，逮捕了该公司法人等 14 人，对事故涉及的其他相关单位责任人进行了行政责任追究。

（3）分析评估

① 重大安全事故造成的影响大，引发连锁反应的可能性大，应急处置时间紧、要求高，领导必须高度重视、快速反应、正确决策。

② 重大安全事故牵扯的部门多，参与处置的人员多，应急

处置牵头万绪、情况复杂，组织指挥必须有力有序、严密细致、科学高效。

③ 重大安全事故伤亡的人员多，善后处理的难度大，妥善处理善后是应急处置的关键，善后工作必须以人为本，真情安抚、落到实处。

④ 重大安全事故造成的损失大，恢复重建的任务重，需要大量的财力物力保障，相关保障必须多方协同、密切协作、形成合力。

⑤ 重大安全事故的关注度和敏感度高，容易因情况不明出现人为炒作产生负面影响，舆情引导必须严格控制，方向正确、准确及时。

（4）对策措施

① 全面加强教育，增强安全责任意识

进一步提高认识，充分认清民爆物品管理工作的极端重要性，切实增强对各类危险品监管的责任感和紧迫感，坚决贯彻落实国家关于民爆危险品生产、运输、销售等方面的文件规定，确保安全监管落实到位、安全措施落实到位。

② 开展专项治理，深入排查安全隐患

制定为期半年的危爆物品安全大检查专项行动，以及时发现和消除安全隐患，深刻吸取事故带来的沉痛教训。在认真进行危爆物品安全整治的同时，以煤矿生产、非煤矿山、道路交通、食品药品、火灾防控等为重点，由省级相关职能部门组织工作组，全面开展安全工作督查检查，有效防止各类群死群伤安全事故的发生，确保社会大局稳定。

③ 厘清工作思路，强化突发事件管理

进一步厘清工作思路，制定完善了突发事件预防处置工作十项措施。

一是认真抓好应急预案编修演练工作，切实增强预案的针对性和实用性。二是加速推进应急救援队伍建设，进一步夯实应急处置人力基础。三是强化监测预警和应急联动机制建设，确保及时有效处置突发事件。四是继续做好风险隐患排查治理，努力提升突发事件防范工作水平。五是加强应急资源储备管理工作，有效保障应急处置物资需求。六是科学合理配置资源，稳步推进应急平台体系建设。七是深入开展应急科普宣教培训、着力增强全民防范应对突发事件的能力。八是扎实抓好值守应急工作，进一步提高信息报送质量。九是认真开展调查研究，编制应急体系建设规划。十是及时组织突发事件应对工作总结评估，不断提高突发事件处置工作水平。落实突发事件应对工作总结评估责任制，对突发事件应对处置工作及时进行全面分析、评估，制定改进措施，建立特别重大和重大突发事件工作档案，认真总结经验，吸取教训，推进工作。

2 易燃气体和液体火灾爆炸事故

2.1 天然气泄漏爆燃事故

（1）事故经过

2016年7月，一场百年不遇的罕见特大暴雨袭击了南方某镇，24h累计降雨量达到360mm。暴雨导致该镇多个村山体滑坡、交通中断、房屋垮塌，川气东送天然气泄漏爆燃。燃爆事故造成2人死亡，9人受伤，临时安置灾民144人，直接经济损失近3000万元，间接经济损失2300余万元；爆燃核心区方圆1km内的农作物、林木、茶叶等大面积烧毁；造成下游大量用户供气受到影响，上游气田大幅压产。省市政府迅速行动，专业救援队伍和当地干部群众同心协力，采取一系列有力措施，全力开展抢险救援。

（2）处置过程

接到灾情报告后，州、市相关部门迅速开展救援行动，成立抢险救灾指挥部，有序推进各项工作。

① 领导重视，科学指挥

事故发生后，党中央、国务院领导高度重视，作出重要批示指示。省领导指示："深入做好处置和善后工作，全力救治受伤人员，妥善安置受灾群众生活。同时，加强隐患排查工作，防范山洪、泥石流、山体滑坡等地质灾害"。省领导亲临现场指导抢险救灾。省直单位领导及专家第一时间赶赴现场，指导抢险救灾工作。要求把救人放在第一位，确保人民群众生命财产安全。成立了天然气泄漏爆燃抢险救灾指挥部，下设综合、善后、秩序维护、交通恢复、专家技术、后勤保障、医疗保障、通讯保障、定损等10个工作组，在事故现场开展应急救援指挥工作，确保各项工作有序开展。

② 协同作战，全力施救

事故发生后，按照《突发事件应对法》的规定，立即启动了应急预案，相关部门迅速响应，全力开展应急抢险救援。各级政府组织干部、消防官兵、公安干警、民兵应急分队赶赴事故现场开展救援工作，由于山体滑坡导致救援道路中断，救援队急行军步行快速到达事故发生现场，及时救出伤者并送往医院救治；公路部门调集设备对进入现场的中断公路迅速抢修，仅2天时间就恢复了到现场的交通；通讯部门紧急调集设备为现场提供移动信号保障；电力部门组建三个专班抢修电力线路，事发核心区于第二天恢复供电，为抢险救灾工作提供有力保障。卫计部门开辟绿色通道，保证伤者及时得到治疗。省地质大队现场踏勘划定受灾核心区域。国土部门组织技术力量深入现场开展滑坡险情监测，对区域进行安全评估，预防发生次生灾害。成立事件调查组，对事件原因进行调查并科学论证。公安部门对道路管控疏通，确保运输畅通保障形势稳定。

③ 迅速抢修，全面排查

天然气管道公司第一时间参与救援，从周边省份、地区调集人员、物资，聘请专家制定方案，全程参与全部救援处置事宜。按照川气东送规划设计，配合组建专班服务改线建设，开展定灾补偿等相关协调工作，采取边协调边施工、土地先用后征方式确保恢复供气。当地群众大力支持管道新线建设，为灾后赔付、恢复重建提供了强有力的保障。开展天然气管道全面排查工作，彻底清除存在隐患。

④ 妥善安置，确保稳定

民政部门迅速调集方便面、矿泉水等生活物资运往现场分发到灾民。相关部门工作人员进入灾区开展核灾和实物登记工作。管道公司按照专班核实的数量及房屋、实物单价，与灾民、遇难者家属签订补偿协议，及时兑现补偿资金，并对后续问题专门处理。采取集中安置和组织群众投亲靠友两种方式累计临时安置灾民，及时发放过渡生活费。与此同时，积极组织倒房户重建房屋，确保年前住上新居，动员灾民抢收、改种、改旱、务工，确保受灾之年不减收。

（3）分析评估

事件发生后，迅速成立了“川气东送”天然气泄漏爆燃抢险救灾指挥部，下设综合、善后、秩序维护、交通恢复、专家技术、后勤保障、医疗保障、通讯保障、定损等10个工作组，各负其责、各司其职，确保了工作进度，确保了不发生次生灾害。省州安监、地质、能源等专家的建议、意见得到及时地采纳，坚持以人为本、科学抢救、科学排险，没有发生次生灾害和衍生灾害，没有造成新的人员伤亡和财产损失。

（4）对策措施

① 部门联动处置

建立健全多部门联动机制，共享信息，及时发布；灾中应急抢险联动，政府、国土、民政、公安、消防、武警、卫生等及时响应，联动处置；灾后重建联动，国土、住建、交通等部门，开展灾后重建。

② 严格值守预警

严格执行24h值班制度，上传下达各类预警预报、险情灾情信息，信息互通；成立了各级、各部门应急抢险队，接到灾情报告后，可立即投入救灾工作，确保快速反应能力、救灾能力得到提高。

③ 规范信息报告

在突发事件发生后按照规定及时向省政府应急办报告，同时随时跟踪了解事态控制情况及最新进展，及时进行信息续报，应急处置结束后报送突发事件处理终报，辅助领导参谋决策。

④ 引导新闻媒体

事件发生后，第一时间发布官方报告，发挥政府信息主渠道的作用，让人民群众第一时间了解事件的真实情况。政府举行新闻发布会，及时回应社会关切。从事件发生到事件处置全过程，各级媒体对救援处置、灾民安置、伤员救治等情况进行了及时跟踪报道，对整个事件的成功处理起到了不可替代的作用。宣传部持续跟踪客观公正报道事件处置进展情况，回应媒体关注和社会关切。

2.2　液化石油气罐车泄漏着火事故

（1）事故经过

2014 年，某危险化学品运输有限责任公司的重型罐式半挂车，装载 23t 液化石油气从咸阳出发，前往河南西峡县。驾驶员和押运员按照行车规定停车检查，发现车辆左后轮中轴内胎温度很高，随即用水给轮胎降温，在向后轮胎浇第二桶水时，罐体后轮胎突然着火，二人在自救的同时拨打 119 报警，并及时向公司总经理报告情况。由于火势逐渐扩大，人力无法控制，二人在公路上设置警戒线，并主动疏散过往车辆，等待救援。由于火势不断蔓延，致罐体内液化石油气泄漏。

（2）处置过程

接到报告后，市级相关部门和省市应急专家赶赴现场，组建现场指挥部，迅速从全省召集有关专家共同研究和部署救援处置工作，并组织公安人员实施安全警戒和交通管制。消防支队 7 个中队 90 余名官兵和 23 台消防车辆赶赴现场及时将大火扑灭。由于燃烧过程中造成排污阀被烧坏，现场组织消防人员对罐车车体喷水降温，并稀释罐体底部的泄漏气体，险情当时得到了控制。但突发意外情况，在降温稀释泄漏气体过程中由于静电导致罐车二次着火，火势凶猛，火焰垂直上升，高达 2m，罐车随时都有爆炸的可能，情况十分危急。现场指挥部经过研判，果断决定采取加大灭火力度、安装接地线和转移周边群众等 3 项措施，并将情况迅速报告市委、市政府，组织救援力量快速有序开展现场处置、环境监测、疏散群众、交通疏导和事故调查等应急处置工作。通过一系列的措施，火情得到了有效控制。

为了尽快处置泄漏事故，防止次生灾害发生，指挥部重新召集有关专家，再次对处置方案进行研究，决定实施倒罐作业。经过 40 多个小时的紧急救援与处置，石油液化气罐车泄漏事故得到成功处置，未造成人员伤亡，未发生次生灾害。

（3）分析评估

液化石油气是一种无色挥发性液体，其主要成分为丙烷、丙烯、丁烷、丁烯，并含有少量戊烷、戊烯和微量硫化物杂质，具有易燃特性，空气中液化石油气含量达一定浓度范围时，遇明火即爆炸。液化石油气罐车泄漏点周围方圆 1. 5km 居住群众 2300 余人。在处置过程中出现了二次复燃，火势凶猛，罐车随时都有爆炸的可能。根据国际标准测算，1t 液化石油气的爆炸威力相当于 6t TNT 炸药的威力，23t 液化石油气则相当于 138t TNT 炸药的威力。一旦处置不当，引发次生衍生灾害，形成爆炸，方圆 2km 内的地面建筑将被夷为平地，事发地周围 2300 名群众生命财产安全将受到严重威胁，给国家财产造成巨大损失，给社会安全稳定和国民经济发展带来不可估量的损失。

由于泄漏事故极可能引发次生衍生灾害，这给事故的救援与处置带来了巨大的压力。采取何种措施，以何种形式和方法组织处置与救援是这次泄漏事故处置的难点之一；事发地方圆1.5km内居住着2300余名群众，加之天色已晚，如何组织群众有效疏散，确保人民群众生命财产安全，这是事故处置的难点之二；现场处置空间有限，各种救援力量相对集中，如何将这些救援处置力量形成救援拳头，确保事故得到快速有效处置，这是事故处置的难点之三；社会对事故处置的关注度高，如何及时将处置与救援信息告知公众，争取社会的支持，形成全社会参与应急救援与处置的共识，这是事故处置的难点之四。

（4）对策措施

在接到液化石油气罐车泄漏事故报告后，市政府立即启动应急预案和相应程序，现场指挥部及时组织专家会商研判，不间断更新传递救援信息，组织10个单位协同进行应急响应。当地政府积极参与救援与处置工作，当地媒体实事求是地报道事态进展情况，确保了液化石油气罐车泄漏事故有力、有度、有序的救援与处置。

① 根据事态进展及时科学决策

接报后立即组织力量开展先期救援工作。市政府按照安全生产应急救援预案要求，立即安排市政府领导带领市级相关部门和省市专家赶赴现场，建立现场指挥部，下设专家技术咨询、现场处置、交通管制、群众疏散、指挥协调、安全保障和对外宣传7个工作小组，依照明确的职责，分头开展救援与处置工作。由于罐体燃烧导致排气阀烧坏，现场专家组研究提出使用最原始的处置方法即自然排放的方法进行处置。按照专家建议，指挥部决定组织各种救援力量采取降温稀释的方式展开救援工作，并将此情况向市政府作了汇报。由于静电导致罐车第二次着火，指挥部对处置措施进行重新研究，在征求专家意见后，决定采取加大灭火力度、安装接地线和转移周边群众3项措施，并将此决策情况及时报告市委、市政府。市政府相关领导赶赴现场，听取了专家组的意见，了解了现场处置工作进展情况，并研究制定处置方案。再次从省市抽调专家赶赴现场，加强专家队伍力量。专家组重新对泄漏事故进行会诊分析，提出更换排气阀门再进行倒罐作业的建议，现场指挥部决定按现场专家意见，组织技术人员对罐体实施倒罐作业。在事故处置过程中，针对不断出现的新情况，组织专家研判和分析，为指挥部决策提供科学保障，是这次事故得到快速有效处置的重要原因。

② 综合运用救援力量形成处置拳头

事故发生后，县政府组织公安、消防、安监、质检等部门和事发地相关力量赶赴现场，形成第一个波次的应急救援力量。当市级应急救援力量和部分志愿者救援力量赶到后，指挥部对到达现场的救援与处置力量进行分工，并明确责任。把市级救援力量、当地政府的救援力量和社会救援力量进行有效整合，扩大了救援与处置范围，形成了救援与处置的拳头。市应急办全程参与应急处置救援的协调与信息联络工作，根据指挥部的指令，组织公安、交警、消防、公路，安监、质检等部门力量联合行动，由于处置时间较长，各种力量分批轮番作业，使应急救援与处置力量发挥出最大效益。

③ 高效组织疏散确保群众生命财产安全

由于二次复燃可能引发罐体爆炸，指挥部下达疏散群众的命令。接到上级命令后，各分管领导立即通知有关干部紧急集结，机关干部和社区工作人员及部分志愿者也纷纷加入到组织群众疏散的行列，在接到命令10min内全部赶到现场，和公安人员一起挨家挨户动员疏散。由于事故发生后，基层单位按照指挥部的指令提前利用村里广播发布了信息，要求村民不要睡觉，在家待命。正式接到疏散命令后，疏散行动迅即展开。对一些老弱伤残人员，疏散组建立了自己的队伍，采取背、抬、抱等形式，将群众疏散至安全地点。为了保证群众全部安全转移，疏散组在群众疏散后还冒着危险，一家一户地排查，确保做到无一人遗漏。疏散转移中，基层的党员干部发挥了模范带头作用，有的党员几过家门而不入，先将其他村民送往安全地带，疏散组的同志还将自己私家车让出来送老弱村民出村。疏散组还对高速路和公路管理人员进行了疏散和检查，确保人员安全撤离危险区。经过 1 个多小时的努力，事发现场方圆 1.5km 内 2300 多名人员全部疏散完毕。

④ 及时发布事故信息为应急处置注入正能量

泄漏事故发生后，市应急救援处置指挥部不捂、不瞒、不藏，及时向外界通报事故进展情况，赢得了社会的理解和支持。各大媒体及时跟进报道事故处置情况。为了弘扬正气，增强应急管理工作的正能量，事故处理结束后，政府办公厅联合发文，对参与液化气罐车泄漏事故处置与救援的 10 个单位和 35 名个人进行通报表彰。

2.3 液化气管道泄漏事故

(1) 事故经过

2011 年，一路段现场进行路基坑取土回填作业时，由于当时的挖掘机操作员私自替班作业，当事操作员本人没有企业内机动车驾驶特种作业证，又不熟悉地下管道状况，忽视已经树立的警示液化石油气管道走向标识，违章使用工程机械作业，造成挖掘机斗齿超过堆土层而深入路基下面强力挖破液化石油气管道事故。带压液化石油气从破损处泄漏，迅速汽化向周围空间扩散，一旦遭遇点火源，极易导致剧烈的燃烧或产生爆燃。长约 15km 的输送管道被迫停运，周边 2000 余名群众被紧急疏散。

(2) 处置过程

① 先期处置

- 及时报告

管道泄漏事故发生后，施工现场负责人立即通过电话向工程项目部总工程师报告，总工程师迅速向119报警的同时，又向市液化气总公司管道巡查员进行了通报，根据事态发展情况分别向市委、市政府值班室进行了阶段性报告，并建议疏散附近人员。

- 靠前指挥

接到事故报告，市委、市政府主要领导高度重视，及时作出指示，要求“立即启动预案，组织抢险，全力管控，确保不发生次生事故，给被疏散的群众送水、送饭”。市政府相关负责人第一时间赶赴事故现场，临时成立应急抢险指挥部并担任总指挥，市安监局等有关部门负责人赴事发现场协助指挥、配合抢险。

指挥部迅速确定了初步应急措施，要求：立即关闭供气管道阀门；对事故点周边1000m范围内群众进行紧急疏散；切断附近供电电源和通信线路；危险区域内所有工地停工；对周边区域液化气浓度及其安全范围进行监测；加强警戒，禁止机动车和无关人员进入现场附近；严禁在危险区域内接打手机、录像、照相等。

- 快速联动

接到事故报警后，消防队在几分钟内赶到现场参加救援和布置警戒。

交管局根据技术专家和现场指挥的要求，设置警戒线，实施交通管制，疏导交通，维护秩序，辖区派出所控制施工人员并暂扣施工设备，配合当地政府疏散周边群众。电力部门根据指挥部指令，及时切断了附近电源。挨家挨户通知周边居民疏散，在主要路口安排专人进行疏导，对老人、病人等特殊人群，出动车辆进行转移。

液化气总公司立即启动企业应急预案，迅速关闭管道供气阀门，将事故情况通报上下游供用气单位和个人用户，相关处室技术人员迅速赶到事故现场，会同指挥部共同制定抢险方案。环保局技术人员对周边区域的液化气浓度及其安全范围进行监测，随时掌握情况变化，要求泄漏点危险区域内所有工地停工。

② 现场处置

• 物料准备

按照有关规定，现场抢险人员一律穿由消防队提供的防护服。迅速调集快速凝固水泥和部分棉被，运至事故点上风向 50m 处地势较高的位置备用(泄漏的液化石油气比空气密度大，容易向低洼处聚集)。

• 封堵泄漏点

事故造成直径为 89mm 的钢管出现约 16cm 长的裂口，带压液化石油气在泄漏点周围冲出一个直径约 2m 的圆坑。

根据指挥部和专家研究确定的堵漏方案，首先向坑内掷入成袋的水泥进行压盖。当抛入 5~6 袋水泥后，泄漏点向上喷出液化石油气的力度减弱，然后进行人工填土覆盖，初步控制了泄漏液化石油气的急剧汽化扩散。

由于泄漏点覆盖物受石油液化气汽化压力作用出现膨胀，随后又出现液化气冲出现象。对下风向 300m 以外的区域进行监测，发现可燃气体存在遇明火发生燃烧或爆燃的危险。指挥部决定进一步采取措施，以泄漏点为中心，用整袋水泥砌成直径约 4m、高 1m 的围堰，在围堰内侧用快速凝固水泥密封，再向围堰内填压大量泥土并压实，继而向围堰内注水以增加密封度。经过连续 8 个小时的奋战，有效控制了气体的扩散，封堵取得成功。

• 警戒和监测

泄漏点封堵成功后，有关技术人员对泄漏点附近的液化石油气浓度进行持续监控检测。次日，现场天气无风，已经泄漏的液化石油气挥发缓慢，在泄漏点附近相对低洼的地面上形成了约

30cm 高、30m 宽、400m 长的可燃气体聚集带。为防止发生意外，现场指挥部指示公安机关再次派出警力强化对周边的严密警戒。天气发生变化，起风后，聚集的液化石油气随风力被吹散稀释，爆燃危险很快降低，经监测，泄漏点附近险情彻底排除。

• 清空管道

关闭上游供气阀门后，管道内仍存有大量液化石油气，需要清空，以便修复管道破损处。在采取封堵泄漏点措施的同时，市液化气总公司调集有关设备，在泄漏点下游阀门处连续抽取管道内的液化石油气共 14 个小时。为尽快使管道内的液化石油气清空，在采取抽取措施的同时，增加设置火炬点燃消耗的方法，加快清空速度。

• 管道修复

管道内液化石油气彻底清空后，经指挥部同意，市液化气总公司组织人员对泄漏点原来封堵物进行开挖和清理，以修复受损管道。

修复方案是向泄漏点两侧各延伸 1.5m，使用切割工具更换 3m 长的钢管。更换钢管焊接之前，采取必要的安全措施，在管道接口处两侧分别使用专用混合物对管口进行封堵，隔断焊接处与管道两端的通道，以确保焊接时的安全。封堵物在管道通气运行时会被冲开并稀释，不会影响正常输气。

(3) 分析评估

经过近 24h 的抢险，有效防范和避免了次生事故，没有造成人员伤亡，是一次处置危险化学品泄漏事故的成功案例。

① 领导挂帅，一线指挥是现场指挥部在应急处置工作中发挥龙头作用的前提和根本。

市委、市政府主要领导高度重视，对处置工作及时作出批示，并多次过问，了解进展情况，要求以确保人员安全为重点，防止造成次生事故，安排好被转移群众的食宿问题，充分体现了以人为本的亲民作风。指挥部切实发挥了强有力的领导作用，确保了应急处置工作的推进力度，使抢险救援有序、有力和高效开展。有关部门主要领导现场配合，带领技术人员积极协调现场各种问题，较好地发挥了职能作用。

② 专家指导，确保应急措施实用，科学的处置方案是有效应对危险化学品事故的关键要素。

危险化学品易燃易爆，事故处置中一招不慎就可能造成严重后果，必须充分发挥专家的作用，根据事故具体情况，制定科学方案，依靠专业人员妥善处置，把危险因素降到最低，确保不发生次生事故。

③ 部门配合，快速协调联动，综合应急反应能力是处置突发事件的重要保障。

本次事故发生后，有关部门和单位快速反应，出动各种抢险、监控检测等专业车辆，公安机关、消防部门派出干警、消防官兵。当地政府迅速调集党员干部百余人，分片负责，逐户通知，疏散群众。纪检监察、安监等部门在第一时间介入调查取证工作。环保、建设、电力、燃气等单位抽调骨干力量，听从指挥，互相配合，形成了抢险合力。

④ 注重细节，危险紧急时刻，在突出重点的基础上统筹协调。周密安排，减少负面影响，是成功处置突发事件的重要环节。

疏散泄漏点周围群众要求做到不漏一户一人，充分考虑到被转移群众的不同情况，采取不同的办法。对高龄老人、病人等行动不便的特殊人群，安排车辆专人负责，确保安全转移。根据群众意愿，或投亲靠友或集中安排，以方便群众为目的。发生事故的第二天早晨，在险情尚未解除的情况下，为防止引发次生事故，加强警戒防范。由于燃气输送管道因事故中断供气，供气单位及时向用户通报有关情况，为不影响居民正常生活，市液化气公司及时出动液化气罐车向受影响的液化气站配送气源。

⑤ 及时总结，在实战中锻炼队伍、积累经验、检验和完善

预案是提高应急处置能力的有效途径。

通过对事故的处理，有关部门和单位得到了一次实战锻炼，从人员素质、应急知识、应急装备和物资、快速反应和互相配合等多方面进行了磨合，积累了一定的经验。处置工作中，在专家的指导下，进一步熟悉了整个流程和处置方案，对以后应对同类事故奠定了基础。

⑥ 严格责任追究，吸取教训，惩前毖后是防范事故的必要措施和手段。

事故发生后，相关部门领导和相关人员组成的事故调查组，聘请有关专家组成专家组，对事故原因等进行调查取证。确定了事故性质及有关责任者，对有关责任单位和个人进行了严肃处理，对施工单位、监理单位和监管部门有关人员分别进行了行政处分和经济处罚，并及时在媒体公开处理结果。要求有关单位立即召开安全生产专题会议，通报事故有关情况，深刻剖析造成事故的主客观原因，检讨施工过程中出现的各种安全管理问题，举一反三，切实汲取事故教训。同时，政府办公厅专门下发《关于加强燃气管道设施保护工作的通知》，提出了严格要求。

（4）对策措施

① 通报情况，分析原因

要求工程项目部召开安全生产专题会议，通报事故有关情况，认真查找、深刻剖析事故发生的原因，检讨施工过程中出现的各种安全管理问题，制定安全生产工作整改方案，切实汲取事故教训，举一反三。

② 开展隐患大排查

项目经理部要针对本施工项目，以各种施工作业中可能存在的安全防护措施不到位、违章冒险作业现象以及持证上岗的特种作业人员为重点，按照相关要求进行排查，发现隐患立即进行整改，并严格检查验收。

③ 加强安全生产宣传教育

项目经理部要切实加强对全体员工的专项培训教育，强化各类人员的安全生产意识，认真学习安全生产有关法律法规、标准规范以及安全生产责任制和安全技术操作规程。开展自查自纠，充分发挥各岗位人员的主观能动性，主动查找工作中存在的漏洞，防患于未然。

④ 落实安全生产措施

项目经理部要严格安全生产奖惩措施，保证安全投入和安全措施到位。通过强化作业现场的安全生产管理，发现施工现场有安全防护措施不到位、存在违章、冒险作业现象等事故隐患的，要坚决停止作业，采取有效措施消除隐患后才能继续生产。切实把保护作业人员安全和保障社会安全作为第一要务，对各类施工作业可能影响到燃气设施安全的，要分片分段进行包干检查，落实责任到人，发挥好巡查的作用。

⑤ 严格工程审批程序

规划、城建等政府职能部门在核发工程施工许可时，凡涉及或影响到地下燃气、电信、供水、供热等各类管线的，应要求建设单位先与有关主管单位及管线业主单位进行衔接协商。工程施工范围大、工期长的建设项目，政府相关职能部门要组织各地下管线业主单位及工程施工单位召开工程施工协调会议，要求施工单位在施工过程中采取相应的防范措施，然后再核发工程施工许可。

2.4 乙炔爆炸事故

（1）事故经过

2008 年某尼龙公司有机车间由于乙炔气体泄漏发生爆炸事故，现场五个工段全都爆炸起火，爆炸中约 1200t 化工原料（甲醇、醋酸、醋酸乙烯酯）被燃烧或随消防水通过排污口进入环境。

（2）处置过程

某尼龙公司有机车间突然发生爆炸起火，消防官兵受命紧急出动，用高压水枪进行灭火，以抢救被压在坍塌车间里面的工人，消防废水经车间流出总排口后汇入附近河流，引发二次水污染的突发性环境污染事件。事件发生后，市政府立即启动突发环境污染事件应急预案，成立应急处置工作领导小组，并立即组织开展工作。次日，事发地周边大气环境已恢复正常，河水水质未检测出有明显变化；第三日，现场指挥部研究决定，解除水环境应急状态，并发布通告，解除了关于排放口下游河水禁止饮用的通告。

（3）分析评估

① 领导高度重视，决策迅速果断

事故发生后，国务院领导高度重视，要求确保当地居民饮水安全。环境保护部要求加强监测和环境安全隐患排查，防止发生次生污染。派出前方工作组连夜赶赴现场，察看了事故企业现场和江河污染防控及监测现场，与当地环保局研究防控措施，确保下游群众饮水安全。

② 各部门紧密配合，互相协助

在处置事故过程中，各部门表现出高度的责任感和团结合作精神，按照指挥部的部署各司其职，充分发扬了不怕吃亏、不畏艰险、特别能吃苦、特别能战斗的优良作风。此次事故中，按照环保部门的建议，对污染物采用了储活性炭坝吸附拦截的处置办法。当地水利部门和武装部迅速组织人员参与到协助活性炭吸附坝修筑工作中去；指挥部要求及时调运活性炭用于抢险工作，为实施处置方案提供了物资保障。邻近监测站开展监测工作，对事故现场废水和废气进行监控。正是各部门的积极主动和密切配合，才使事故对江河的污染在短时间内得到有效控制，切实维护了人民群众的生命财产安全。

③ 信息发布及时，舆论导向正确

本次事故发生后，现场指挥部根据实际情况，第一时间发布信息，迅速疏散厂区周围群众，确保当地居民的生命财产安全。随后，在消防部门全力灭火过程中，由于消防废水通过总排污口进入江河，且废水中含有甲醇等有毒物质，为确保江河沿岸居民饮水安全，现场指挥部又及时发出通告，要求江河沿岸居民禁止饮用河水，并通知网箱养鱼户尽快搬迁。现场处置工作基本完成后，事发地周边大气环境已恢复正常，江河水质未出现异常现象，达到国家地表水三类标准，下游也未发现生物死亡。随后解除水环境应急状态，通知沿岸居民可正常使用龙江河水，稳定了群众情绪。

新闻媒体对本次事故处置进行了客观报道，特别是对政府组织工作跟踪报道，不但消除了市民恐慌，为确保社会稳定起到了很大的作用，而且也为现场指挥部排除外部和社会各界的舆论压力，专心考虑科学的处置方案提供了良好的环境。

（4）对策措施

① 对受污染水体和大气开展应急监测

爆炸发生后，当地消防部门大量用水灭火，而该厂应急池因故障未能正常运行，且未修建应急围堰，致使部分化工原料随消防用水通过该厂总排污口进入江河。现场指挥部立即要求环境应急监测组在总排污口和沿河下游设置了 5 个固定点位和 1 个游动监测小组开展水质应急监测，并对污染带前锋进行追踪，监测频率为每小时 1 次。在事发地的下风向区设置了 3 个大气监测点，随时跟踪监测空气质量，为现场指挥部决策提供了有力的支持。

② 设置吸附拦截坝减轻泄漏污染物对水体的污染

该厂在事故发生后第一时间切断了生产、生活水源，减轻了向江河的排污量。但由于消防用水数量过大，对江河的水质安全造成较大威胁。为了避免消防用水引起的二次污染，根据实际情况，一是将废水直接抽到新建未投入使用的污水处理池存放；二是在排污沟下游用角钢、木料打桩，先后修筑四道坝，投放活性炭吸附废水中污染物。

③ 做好善后事宜，确保不留隐患

事故发生后，现场指挥部安排了多名防化专业人员，清点核查厂区内易爆有毒物品，并有序组织此类物品的安全转移工作，防止新的爆炸事件发生，其中危害性较大的液氯被及时转移，有效避免了事故的恶化。针对消防部门灭火需要大量用水，而现场应急池出现故障且无应急围堰的情况。环保督查中心工作组现场提出对爆炸灭火应少用水，多用泡沫灭火的措施，以减轻对下游江河的影响。次日，火灾已被扑灭，但由于厂区内储罐温度较高，存在燃烧隐患，需要冲水降温。针对此情况，现场指挥部一方面决定在确保安全部的情况下尽可能减少用水，另一方面抓紧时间修建应急围堰，恢复应急池正常使用以暂时储存消防废水，避免污染物直接进入江河。

2.5 二甲胺泄漏事故

(1) 事故经过

2014 年，咸通高速咸宁东站口一辆运输二甲胺的槽罐车违规倒车撞到路边护栏，导致槽罐左侧尾部放料阀撞裂，车载 30.42t 二甲胺发生泄漏。

（2）处置过程

事故发生后，槽罐车司机立即向消防部门报警。区消防中队接到事故报警后迅速组织消防官兵赶赴现场开展救援处置工作，并向区政府办公室报告。区政府领导接到报告后迅速组织公安、环保镇政府等部门相关负责人和队伍赶赴现场协助消防部门开展事故的应急处置工作。市政府应急办接到高速交警大队报告后，迅速向市政府分管领导报告，并及时协调市安监、环保、消防等部门负责人和专家队伍赶赴现场指挥处置。

消防中队在高速公路两端 1000m 范围内设置警戒线，单干线出一门摇摆炮对中、尾部进行稀释，并命 2 名战斗员佩戴重型防化服和空气呼吸器侦察泄漏点。市消防支队指挥中心派 3 台水罐车，1 台防化洗消车，22 名官兵的增援力量到场，并对现场主战车辆供水，加强对罐体泄漏部位稀释，同时派员对泄漏点进行堵漏。至此，事故车辆泄漏液体完全引流完毕，事故应急处置结束，无人员伤亡和次生事故。省环保局工作人员到事故现场，进行了相关环境检测工作。根据专家意见，对周边居民进行了转移。区消防中队安排 2 台水罐车、5 名官兵，对事故现场两侧水沟进行了洗消，并用盐酸对泄漏点进行了中和。至次日，环保局先后 5 次对受污染的水源和鱼塘进行检测，水质基本达标。至此，事故得以完全控制。

（3）分析评估

二甲胺易燃，受热极易汽化，与空气混合能形成爆炸性混合物，遇热源和明火有燃烧爆炸的危险，且有强烈刺激性，与皮肤接触可致皮肤坏死，与眼睛接触可致眼角膜损伤。

此次二甲胺泄漏事故的成功处置，充分验证了市、区两级多次进行危险化学品突发事件应急预案演练的成效，避免了人员伤亡和次生事故的发生，最大限度地降低了事故损失。

(4) 对策措施

一是消防官兵快速反应，第一时间到达现场，为成功处置赢得了宝贵的时间。二是科学处置，使泄漏危化品得到了有效的控制和消除，防止了泄漏危化品对附近人员和周边环境造成危害。三是部门联动，省、市、区三级群策群力、携手处置，使此次事故得到了及时、科学、成功处置。

2.6 大型储油罐火灾事故

(1) 事故经过

2010 年，某新港码头油库输油管线破裂着火，引爆另一条输油管线，同时大火蹿向 $10\times10^4m^3$ 储油罐。油助火势，一路狂奔，一次又一次形成新的着火点，储油罐已经起火且东北角有撕裂口，伴有“嘶嘶”尖叫声，现场多处输油管线、排水排污管道连续发生爆炸，井盖、阀门等被抛向空中，整个火灾现场浓烟滚滚。该新港输油管线及油罐爆炸起火区域，周围有数 10 个储油罐，最近的只有十几米。输油管线在一夜内发生 6 次爆炸，火势 7 次反弹。

(2) 处置过程

当晚，警报拉响后，所属省市立即调集公安消防部队赶赴现场。先行到达火场的消防支队官兵争先恐后冲进火海，对着火罐以及毗邻罐体进行冷却抑爆。同时全力扑灭管线、泵房、地面流淌火。尽管消防支队全体官兵全力扑救，但大火仍然势头不减。

省级公安厅的决策者们在接到大连火情报告后，就果断决定调集全省铁军做好打硬仗、打恶仗的准备。此后，陆续调集其他 12 个市和 14 个企业专职消防队共计 200 多台消防车、1000 多名官兵携带先进器材装备，火速赶往大连增援。

（3）分析评估

这是新中国成立以来原油管线储罐爆炸救火难度最大的一次，公安消防部门的决策者们科学决策、科学救援是打赢这场战斗的关键。

最危险的时候，一台消防车已经被大火吞没，输油管道纷纷爆裂，传出巨大的爆炸声音。有人提出要求领导撤离甚至全部救援人员撤离放弃救火。在放弃还是继续的选择面前，公安部和省公安厅主要领导根据现场情况及时做出战术调整，并作出继续救援决不后退的决定，直到火情控制住。

面对多点爆炸起火的局面，先控制后消灭、分兵把口、内外结合、穿插分割、堵截包围、关阀断料……一个个战术命令的下达就是一个个战斗的胜利。由于在整个救援中实行划分战区、科学灭火，消防铁军们始终牢牢把握着灭火主动权。

（4）对策措施

战场外指挥员们的每一项决策也都是救援成败的关键，早在救援开始，指挥部就做好打硬仗的准备。消防支队迅速启动远程供水模块，抽用海水为前方实施 24h 不间断供水。省消防总队通过陆域调集全省作战物资的同时，请求公安部消防局调集周围省市地 400 余吨泡沫送往现场，确保了火场作战物资充足。安监、化工、灭火等专家及时为救援行动提供物资和技术支持，为实施灭火救援创造了有利条件。

3 易燃、自燃及氧化性物质火灾爆炸事故

3.1 铝银粉包装不良引起的爆炸事故

(1) 事故经过

我国某远洋货轮曾载货航行至印度洋时，第二舱二层柜上装载的40余桶铝银粉突然爆炸起火，之后危及其他舱口。

(2) 处置过程

铝银粉在当时这种情况下不断与空气中的水分发生化学反应，放出氢气，并积聚热量；热能又不断地加快这种化学反应的发生，致使越来越多的氢气聚集在船舱内。在船舱这种特定的条件下，猛烈爆炸更会引起一系列更强烈的反应，足够使一条万吨巨轮覆灭。由于来势凶猛已经无法施救，船长不得已下令弃船，该货轮于第二天沉没。

(3) 分析评估

该货轮运载的铝银粉，是经过涂层处理后，用金属桶包装。根据事后调查证实，这个包装的密封程度没有达到国际上认定的标准。由于容器密封不良，潮气侵入桶内，舱内的温度又比较高，致使桶内铝银粉所涂的油脂熔化。裸露的铝银粉吸入空气中的水分之后，产生化学反应，这时候的铝银粉就成了未经涂层处理的物品，属“遇水放出易燃气体的物品”，联合国编号为1396，在相关规范中“积载与隔离”栏内特别注明：“仅能在干燥气候下

装载，舱内应具有机械通风。避开生活居住处所”。铝银粉在当时这种情况下不断地与空气中的水分发生化学反应，放出氢气，并积聚热量；热能又不断地加快这种化学反应的发生，致使越来越多的氢气聚集在船舱内。在船舱这种特定的条件下，猛烈爆炸更会引起一系列更强烈的反应，足够使一条万吨巨轮覆灭。事后展开调查，根据货运报表及积载图分析，该货轮沉没事故主要原因之一是金属铝银的粉末包装不良，装载在第二舱二层柜上的40余桶铝银粉遇湿发生反应释放出氢气，集聚热量导致自燃所致。

铝银粉，又名银粉、铝粉，呈银白色，生产铝制品的工厂都少不了它，铝银粉又广泛应用于颜料、油漆、油墨、烟花、冶金、化工等产品之中。也可以作为加气剂，用作多孔混凝土制品的原料。一般来说成型的铝块，只有在明火点燃时才会燃烧。但铝粉只要有一颗小小的火星溅落，都可以引起燃烧。当空气中悬浮着铝银粉时，危险性就更大，在每立方米的体积中如果有40g铝银粉悬浮，就生成爆炸的条件。铝银粉还能与水发生反应，如果是大量的水与铝银粉接触，这种反应倒不会发生；而铝银粉处于潮湿的环境中，缓慢地吸收水分，就会发生化学反应，放出氢气，并产生热量，其危险性就极大。

(4) 对策措施

货物包装必须符合国家或国际上认定的标准，不能有丝毫的差距。对于产品的生产厂来说，货物的运输包装属于追加成本。为了提高企业的经济效益，经营者就想千方百计地降低追加成本，而往往就在货物外包装上做文章。把好货物包装的检查这一关，我们港口的作业工人和现场管理人员责无旁贷。

因为铝银粉具有特殊性，在投入运输前要经过涂层处理，在铝银粉颗粒外涂油脂或石蜡。经过涂层处理的铝银粉，属于危险物品第四类的易燃固体，联合国编号为1309，在相关规范中，有关特性和注意事项内，特别注明："如果用油或蜡进行处理，则在常温下不会发生这种情况。"即是指不会发生与水反应放出氢气的危险性。但即便如此，涂层处理过的铝银粉，还是容易与酸类和苛性碱发生反应，与氧化剂也容易发生化学反应而引起爆炸，因而必须与这些物质严加隔离。

3.2 运输中的电石受潮燃爆事故

(1) 事故经过

案例一：1979 年，一艘希腊货轮装载 4220t 电石驶往我国南方某港。在航行途中触礁，造成货舱进水，顿时发生猛烈爆炸。这次事故造成 19 名船员死亡和失踪。

案例二：1979 年，从国外进口一批电石卸于某港一装卸公司。由于该批电石在国外装进铁桶时没有充入氮气，收货人已经意识到铁桶可能有具危险性的乙炔气体生成，于是与港区联系后带了专用工具前往堆放电石桶的库场，准备在铁桶上打洞，放出桶内的乙炔气体；并往桶内充入氮气，以抑制乙炔气体产生。就在给第三桶钻孔时，该桶发生爆炸，飞出的桶盖高达 6m，把仓库的屋顶打穿了一个大洞。

案例三：1988 年，某车站货运堆场所属的一个内河港务码头上，工人们将发运来的 208 桶电石装驳船，准备运往目的地。作业时装卸工人将电石桶掀倒后用独臂杠杆吊吊入船舱，再扳正后装舱。在作业进行过程中，一桶电石发生爆炸，造成多名工人受伤。

(2) 处置过程及分析评估

电石，正式名称为碳化钙，联合国编号为 1402，属第四类易燃固体中遇湿易燃物品。电石本身不会引起燃烧，然而一旦遇到水，甚至只要空气中的湿度较高时，就会迅速产生高度易燃的乙炔气体。正因为电石有这一特性，因而广泛应用于工业生产中气焊、切割等工艺，也用于钙、铁合金及氯乙烯树脂、氨基氢等化工产品的生产制造。电石的遇湿易自燃的特性给运输带来相当大的难度。通常情况下，电石采用铁桶包装，要求铁桶严密到不漏水、不透气。但是要想让电石在进入包装容器之前不与外界空气接触几乎是不可能的事。当电石吸收了空气中的水分，在容器内就会生成少量的乙炔。电石是一种坚硬的固体块状物，在桶内因外界力量的影响下，如船舶在航行中的碰撞颠簸，装卸作业时铁桶被工人翻滚、搬运等，桶内的电石与铁桶撞击、摩擦产生的火花就足以将乙炔气体点燃并发生爆炸。

第一案例中的电石，经过长时间的海上运输，铁桶遇空气中的水分引起反应，锈蚀严重的情况下就难免会发生破损。因此当船舱进水后，电石完全可能与水分接触，产生大量的乙炔气体，乙炔的爆炸极限为2.5%~80%，在这个浓度范围内只要有一点火星就足够引起爆炸。另外电石在制成过程中往往会拌杂有少量的磷化钙，磷化钙遇水会放出磷化氢气体，其自燃性能极强。这样即使没有外界的点燃，也会引起燃爆。当电石与酸类接触时，除放出乙炔气体外还能生成氧化钙和氢氧化钙，这两种物质都是具有强烈腐蚀性的碱类，对人体能产生腐蚀性伤害。

电石在港区装卸、储存过程中的要求是：储存于阴凉、通风、干燥的仓库内，绝对避免有任何明火，甚至不能有火花发生。在第二案例中，收货人为了释放电石桶内的乙炔气，带专用工具来打洞放气，完全可能是铁桶因钻孔时产生摩擦而引燃了桶内的乙炔气，从而发生了爆炸。第三案例更是明显的违章操作，电石桶在作业过程中时而翻倒，时而扳正，内储的电石板与铁桶剧烈碰撞，足以产生火花，从而点燃桶内的乙炔气。这两起事故没有引起其他货物的爆炸已经是不幸中的大幸了。

（3）对策措施

生产厂家为了解决这一难题采取的办法，一是在铁桶内充氮，这样可以抑制乙炔气体的产生；二是在容器上设有通气孔，以便当容器内产生乙炔气体时可以及时排出。然而即便如此，还是无法有效遏制事故。

电石是运输中常见的危险货物，因而也是事故多发的货种。电石在装卸、运输过程中特别要注意的是尽可能避免强烈的震动。如果包装容器中设有放气孔，那就应该打开放气孔放去桶内的乙炔气才能操作。在堆垛时又要注意必须将放气孔关闭，以防电石吸潮。储存电石的仓间必须干燥，与易燃物、强酸、重金属盐隔离。一旦发生燃爆，不可用水或泡沫、二氧化碳灭火器灭火，只能使用干粉灭火剂、水泥将火闷熄。由于电石内含有杂质，燃烧时会产生有毒气体及具有腐蚀性的物质，救援人员必须佩戴相应的防毒器具和防护服装。

3.3 强氧化性物质——氯气泄漏爆炸事故

(1) 事故经过

2004 年 4 月 15 日 17:40，某化工厂发生氯气泄漏爆炸事故，造成 9 名现场处置人员死亡，3 人受伤，半径 5km 和 1km 范围内，疏散人员分别是 500 万人和 15 万人左右。

4 月 15 日 17:40，氯氢分厂冷冻工段液化岗位接总厂调度令开启 1 号氯冷凝器。18:20 氯气干燥岗位发现氯气泵压力偏高，4 号液氯储罐液面管在化霜。当班操作工两度对液化岗位进行巡查，判断 4 号储罐液氯进口管可能有堵塞，于是转 5 号液氯储罐（停 4 号储罐）进行液化，其液面管也不结霜。21:00 当班人员巡查 1 号液氯冷凝器和盐水箱时，发现盐水箱内氯化钙（$CaCl_2$）盐水大量减少，有氯气从氨蒸发器盐水箱泄出，从而判断氯冷凝器已穿孔，约有 $4m^3$ 的 $CaCl_2$ 盐水进入了液氯系统。

(2) 处置过程

发现氯冷凝器穿孔后，厂总调度室迅速采取1号氯冷凝器从系统中断开，冷冻紧急停车等措施。并将1号氯冷凝器壳程内$CaCl_2$盐水通过盐水泵进口倒流排入盐水箱。将1号氯冷凝器余氯和1号氯液气分离器内液氯排入排污罐。

15日23:30该厂采取措施，开启液氯包装尾气泵抽取排污罐内的氯气到次氯酸钠和漂白液装置。16日0:48正在抽气过程中，排污罐发生爆炸。1:33全厂停车。2:15左右，排完盐水后4h的1号盐水泵在静止状态下发生爆炸，泵体粉碎性炸坏。

险情发生后，该厂及时向政府报告，政府于16日上午启动实施了包括排危抢险、疏散群众在内的应急处置预案，16日9：00成立了现场抢险指挥部和专家组。

排除险情的关键是尽量消耗氯气，消除可能造成大量氯气泄漏的危险。现场指挥部决定，采取自然减压排氯方式，通过开启三氯化铁、漂白液、次氯酸钠3个耗氯生产装置，在较短时间内减少危险源中的氯气总量；然后用四氯化碳溶解罐内残存的三氯化氮(NCl_3)；最后用氮气将溶解NCl_3的四氯化碳废液压出，以消除爆炸危险。10:00左右，该厂根据现场指挥部的决定开启耗氯生产装置。

16日17:30现场指挥部召开全体成员会议，研究下一步处置方案和当晚公众的疏散问题。17:57专家组正在汇报具体处置方案时，突然听到连续两声爆响，液氯储罐发生猛烈爆炸，会议被迫中断。

据勘查，爆炸使5号、6号液氯储罐罐体破裂解体并形成一个长9m、宽4m、深2m的炸坑。以炸坑为中心，约200m半径的地面和构、建筑物上有散落的大量爆炸碎片，爆炸事故致9名现场处置人员死亡，3人受伤。

整个事故一直持续到4月19日，在将所有液氯储罐与汽化

器中的余氯和 NCl_3 采用引爆、碱液浸泡处理后，才彻底消除了危险源。

（3）分析评估

该事故是因氯冷凝器腐蚀穿孔，导致大量含有氨的 $CaCl_2$ 盐水直接进入液氯系统，生成了极具危险性的 NCl_3 爆炸物，NCl_3 富集达到爆炸浓度，启动事故氯处理装置振动引爆了 NCl_3。

妥善和科学地做好应急人员疏散工作，是整个救援工作的重中之重。该起事故中，在确保安全为前提下划定警戒区范围，共动用公交公司、部队和社会的运输车辆 6000 余辆和 6200 名警力参加人员疏散运输工作。

救援过程中应了解事故原因和生产工艺流程、容易引起爆炸的物质、爆炸可能危及的区域和有毒有害气体扩散的范围等。

救援过程中应合理划定警戒范围、疏散区域和布置消防力量，尤其在确保消防队员生命安全的前提下，才能进入现场抢险。

（4）对策措施

应按以下原则进行应急处置。

安全防护：进入现场应急救援人员必须配备合适的个人防护器具，在确保自身安全的情况下，实施救援工作。

隔离、疏散：设定初始隔离区，封闭事件现场，实行交通管制，紧急疏散转移隔离区内所有无关人员。

监测、侦察：监测泄漏物质、浓度、扩散范围及气象数据，及时调整隔离区的范围，做好动态监测；侦察事件现场，搜寻被困人员、确认设施、建（构）筑物险情及可能引发爆炸燃烧的各种危险源、现场及周边污染情况、确定攻防、撤退的路线；

医疗救护：应急救援人员采取正确的救助方式，将遇险人员移至安全区域，进行现场急救，并视实际情况迅速将受伤、中毒人员送往医院抢救。

现场控制： 根据事件类型、现场具体情况，采取相应的措施控制事态的扩大；对泄漏事件，要采取关阀断料、开阀导流、排料泄压、火炬放空、倒罐转移、应急堵漏、冷却防爆、注水排险、喷雾稀释、引火点燃等措施控制泄漏源；并对泄漏物采用稀释、吸附、固化、中和等方法处理；

防止次生灾害： 采取措施防止进一步造成火灾、爆炸和环境污染等次生灾害。

洗消： 设立洗消站，对遇险人员、应急救援人员、救援器材等进行洗消，严格控制洗消污水排放，防止二次污染。

危害信息宣传： 宣传强氧化性物质氯气的危害信息和应急急救措施。

3.4　爆炸性化学品生产装置爆炸事故

（1）事故经过

2017 年，某生物科技有限公司间二氯苯装置发生爆炸，爆炸引发临近装置局部坍塌。该事故导致 10 人死亡、1 人受伤。经消防官兵全力扑救，明火全部扑灭，成功救出伤者 1 人，经医院救治生命体征平稳。

当日，该公司间二氯苯装置当班操作人员开始压料操作，将二楼保温釜中经脱水后的间二硝基苯用压缩空气压到高位槽，操作人员对保温釜排空卸压，结束压料。不久后，疑似保温釜视镜位置喷出明火火柱，回火引起保温釜内物料燃烧，同时保温釜法兰盖处有大量黑烟冒出，高位糟底部大量泄漏，产生燃烧现象。随后，二楼泄漏区域发生爆炸。

（2）处置过程

事故发生后，政府第一时间作出反应，立即启动突发事故应急预案，迅速组织消防车 20 辆、消防队员 135 人，救护车辆 12 辆、医护人员 50 人，以及重型吊车、挖掘机等大型机械、救援设备迅速进入现场开展救援工作。

事故发生后，成立了现场救援处置、伤员救治、环境监测等 6 个工作组。市、县组织公安、武警、安监、环保、卫生、建设等单位 450 余名专业人员赶赴现场，有序开展救援处置等工作。省委、省政府对事故救援处置工作高度重视，省安监局、省消防总队、省质监局、省环保厅领导率专家及救援队伍迅速赶赴现场指导帮助救援。

国家安监总局、环保部也派出相关专家和技术人员紧急赶赴现场，指导救援和事故调查工作。市和县环保部门迅速组织对现场周边环境进行监测。消防水没有进入外环境，大气监测未发现对周边环境造成不良影响。

（3）分析评估

该事故装置工艺情况：固体间二硝基苯真空脱水后，与氯气发生反应，生成粗品间二氯苯，经水洗、精馏等得到成品间二氯苯，同时生成副产品盐酸、1，2，4-三氯苯、硝化酸混合物、间硝基氯苯。生产过程涉及氯化工艺，且使用剧毒化学品液氯，对氯化反应工艺设置了 DCS 和安全仪表控制系统。

在保温釜压料过程中，由于严重超压（设计压料系统应使用氮气，正常操作压力为 1.5kg，实际操作改用了 5.8kg 的压缩空气进行压料）造成保温釜内物料从视镜处泄漏、冲料，摩擦产生的静电引燃物料，并引发装置外侧下方的成品精馏釜等爆炸。

该企业安全生产主体责任不落实是导致事故发生的主要原因，同时，属地安全监管不到位、技术服务机构管理不规范也是导致事故发生的原因之一。具体如下：一是安全管理混乱，涉及氯化反应的操作规程和安全技术规程不完善，没有有效组织开展岗位技能培训，作业人员安全意识薄弱、安全技能缺失，应急处置能力不强；二是装置生产过程整体自动化控制程度存在严重缺陷，如间二氯苯成品精馏、残液精馏等设备仅设置单一温度显示仪表，缺乏超温报警及调节控制设施；三是擅自变更压料工艺，且为人工手动操作，工艺指标控制极不严格，以致在压料过程中造成高位槽泄漏、闪燃；四是风险识别不到位，变更管理不落实，对原料输送工艺变更没有进行风险识别，没有履行变更程序，安全操作规程中也没有改用压缩空气压料操作的程序和防范措施。

(4) 对策措施

深刻吸取事故教训，从严执法，以落实政府监管责任推动企业主体责任落实。

全面开展爆炸性的化学品生产装置安全评估工作，包括环氧化合物(如环氧乙烷、环氧丙烷、环氧氯丙烷)、过氧化物(如双氧水、金属过氧化物、有机过氧化物)、偶氮化合物(偶氮二异丁腈)、硝基化合物(如硝基苯、二硝基苯、硝酸铵)等自身具有爆炸性的化学品生产装置。

继续全面深入开展危险化学品安全综合治理。全面开展危化品生产企业再排查再整治、企业自动控制和设计诊断专项排查和涉及硝化氯化反应装置的安全隐患专项排查，加强危化品建设项目的安全审查和监管。

扎实开展化工污染专项整治、城镇人口密集区危化品生产搬迁改造等专项行动，坚决淘汰安全环保等不达标的企业。严格管控新增化工项目，加快推动企业自动化改造，提高安全管理水平。

推进工业企业资源集约利用综合评价，倒逼低端落后企业退出，促进化工行业转型升级。加强化工集中区综合应急救援基地建设，完善救援装备，提升区域救援能力，坚决遏制重特大事故发生。

4 中毒、感染及人身伤害事故

4.1 砷中毒事故

（1）事故经过

2008年，某地15名村民先后出现烦躁、恶心、食欲减退、眼睑水肿、四肢无力等现象，初诊为不明原因中毒。中毒病例发生地点主要集中在3个村。涉及人群近2800人，上述村组所在地由于长年从事煤炭开采，村内地表水已经枯竭，村民一直饮用煤矿洞里排出的地下水，过去，当地村民从未发生过饮用水中毒现象。环境保护部门和疾病预防控制部门对区域范围内的地面水、村民压泵井水(浅层地下水)、煤矿洞里排出的地下水(深层地下水)和区域内硫酸厂排放的污水进行了抽样分析，结果查明：硫酸厂排放口工业污水砷浓度高达224. 6mg/m^3，严重超过GB 8978—1996《污水综合排放标准》(0. 5mg/m^3)；煤矿洞里排出的地下水砷浓度为19. 5mg/m^3，也严重超过GB 5749—2006《生活饮用水卫生标准》，农村集中式供水和分散式供水水源卫生限值(0. 05mg/m^3)；而其他水样基本不超标。由此认定该中毒事件为一起典型的环境污染导致的群体砷中毒事故。

（2）处置过程

县疾病预防控制中心接到电话后，立即向县委、县政府及上级市疾病预防控制中心上报了疫情。县级部门成立了应急处置领导小组，领导小组下设医疗救治、环保检测及污染治理、后勤保障、安全稳定、综合信息、群众饮用水保障及动物检疫6个工作小组。当即进行了安排部署，迅速安排分管领导带领卫生监督、疾病预防控制及医务人员火速赶赴现场进行调查和采样，及时将中毒人员送往医院救治，并紧急启动了突发公共卫生事件应急预案。

事件发生后，当地疾病预防控制机构按照有关规定及时进行了电话和书面报告，并将有关情况通报了相关部门和单位。事故发生地周边地区加强了监测和预防控制，及时通报相关信息。省、市、县联合专家组开展了详细的流行病学调查，摸清了事件发生的原因和事件影响范围，开辟救治绿色通道，积极救治病人，并全面落实各项疾病预防控制和卫生管理措施。

（3）分析评估

在国家缺乏砷中毒统一的诊断和治疗标准的情况下，根据以往经验并结合当地实际情况，提出了《急性（亚急性）砷中毒救治指导意见》。当地政府也全力组织抢救病人，抽调 25 名医务工作人员组成 3 个医疗队进村入户进行现场救治，并加大中毒病例的主动搜索范围。同时，相关部门迅速切断污染源，关闭了县硫酸厂，对污水采取了加石灰乳净化等紧急治理措施，对砷超标的水源进行了封闭，采取消防车集中送饮用水等措施。县政府紧急拨款 160 万元为砷中毒区域内的 3 个村改用集中式供水，保障了村民的饮用水安全。为全力确保该区域的社会大局稳定，由县委政法委牵头，从公安、信访等部门和乡村抽调干部 120 余人，深入农户开展宣传说明工作，消除村民的恐慌心理，稳定情绪，解决群众的实际困难。

从卫生部门的角度来说，此次事件的处置在应急指挥、应急处置等方面综合评价是比较成功的。省、市、县三级卫生行政部门和疾病预防控制中心反应迅速，处置及时、科学，确保了患者生命安全，维护了社会正常秩序。

（4）对策措施

① 政府牵头，各相关部门参与，统一行动是做好事件处置

的关键。由于环境因素事件牵涉面广，需要参与的部门众多，仅靠卫生部门无法做好对事件的处置。如环境污染的影响要靠环境保护部门，社会稳定的维护要靠公安部门，对影响到健康的群众的治疗赔偿牵涉民政等部门，因此，必须由政府牵头，统一组织各部门对事件进行处置，形成统一指挥、功能齐全、反应灵敏、运转高效的应急机制。

② 制定好应急处置方案是做好事件处置的基础在事件发生后，各部门不仅要按应急预案的要求启动应急机制，还要结合事件本身的特点，在政府的组织下制定好应急处置方案，使各部门处置工作做到按部就班、井井有条、忙而不乱。卫生部门要在整体处置方案的要求下，做好医疗卫生工作方案，按照方案的要求开展好相关人群健康危害的情况的调查和治疗工作。

③ 按照国家标准技术规范进行相关人群健康危害的调查和治疗是做好事件处置的保证。在事件的处置中，涉及健康影响调查和临床救治的技术行为一定要按照国家的标准技术规范进行，不仅能保证事件处置中医疗卫生工作的质量，同时也使相关的检测报告等具有法律依据，能够让涉及的群众对处置结果心服口服。在没有国家统一标准的情况下，一定要广泛收集数据，多方征求意见，在首先对涉及人群临床症状进行治疗的情况下，切忌在没有足够数据的情况下匆忙拿出诊断标准，以免在群众中造成不必要的误解和不好的影响，引起被动。

4.2 一氧化碳中毒死亡事故

(1) 事故经过

2015 年 11 月 23 日凌晨 2 时许，某居民楼发生一起因天然气使用不当造成 3 人一氧化碳中毒死亡事故。经查：该住户向某于 11 月 23 日凌晨 2 时许下班回家后，发现其父、其母、其奶奶 3

人在自家烤火屋内死亡。该市派出所、刑警大队接警后，会同医务人员迅速赶赴现场，经医务人员现场诊断确定 3 人死亡。经过民警现场勘察、调查走访，确定 3 人为在家使用天然气炉取暖看电视时发生一氧化碳中毒死亡。

（2）处置过程

11 月 23 日晚，市政府召开相关单位会议，对事故处置相关措施进行安排部署，在此基础上，11 月 25 日晚，召开全市燃气安全专题会议，深入查找和解决燃气安全方面的薄弱环节和突出问题，并就下一步工作进行安排部署。

① 广泛宣传，提升市民安全意识

• 由市住建局牵头，天然气公司和街道办事处配合，迅速印制 8 万份宣传资料发放到每个用气户手中，并且要求有市民签字确认，并在人流量密集场所张贴宣传标语。

• 由市委宣传部牵头，市广电局、市新闻中心配合，就近年来发生在该市的几起燃气事故制作一个专题警示教育片，在电视上长期播放；在新闻媒体、电视上定时滚动播放关于燃气安全相关知识；通过广播在中午和晚上时段定时进行用气安全温馨提醒。

• 由市住建局牵头，天然气公司、市消防大队配合，通过宣传车在城区进行无缝隙、无盲区、不间断宣传，警示市民安全用气。

• 由市教育局牵头，城区所有学校配合，开展燃气安全知识进学校、进教室活动，使燃气安全知识普及到每个学生家中。

• 由市住建局牵头，市电信分公司、市移动分公司和市联通分公司配合，采取手机短信的方式对市民开展燃气安全知识宣传。

② 排查隐患，强力推进整改落实

• 由天然气公司牵头，街道办事处配合，迅速对城区燃气安全隐患进行逐户排查，切实做到全覆盖，不留死角、不留盲区。

• 由市政府，市住建局、市安监局、市公安局、市委宣传部、市工商局、市质监局、市消防大队、街道办事处参与，结合“六打六治”打非治违专项行动，迅速组建联合执法小组，对城区天然气管线质量安全、私搭乱建、违规安装、无证生产销售燃气具等情况进行一次大排查。在检查中严格执行国家相关标准和要求，对查找出的问题实行“零容忍”，迅速整改落实。对违法行为，坚决从严查处，决不姑息迁就。针对城区燃气管网设施老化隐患，要求相关企业及时制定城市管网更换实施方案。

③ 加强监管，强化企业主体责任

• 由市安监局牵头，对此次事故原因进行深入调查，严查企业和主管部门宣传是否到位，隐患排查是否到位，执法是否到位，深刻吸取教训。同时，加大对相关企业的培训力度，迅速组织企业员工学习新《安全生产法》，要求企业增加服务人员，结合村(社区)网格员制度，确保每人服务300户以上。

• 由天然气公司牵头，街道办事处配合，对所有天然气用户签订协议书，强化属地管理责任和企业主体责任。

• 由市公安局牵头，街道办事处配合，强制城区所有天然气用户安装燃气报警装置。

• 由街道办事处负责，迅速对辖区所有用气重点人群(包括孤寡老人、空巢老人、农村进城务工人员)进行摸底排查，落实专人(亲属、邻居、网格员)监管，定期上门宣讲燃气安全知识并进行安全检查。

④ 维护稳定，加强信息报送和舆论引导

• 一旦发生燃气安全紧急事故，市公安局、市安监局等相关部门及各有关乡、镇、街道办事处、开发区，要在第一时间报送信息，信息报送实行“一把手”负责制。对向上级党委政府报送的信息由市委办公室统筹，新闻媒体宣传由市委宣传部审定。

• 由市委宣传部和市公安局负责，密切关注网络舆情，及时开展舆论引导。

• 由都亭街道办事处、市公安局、市住建局、市安监局、利川市民生天然气公司负责做好死者的善后处置工作，确保稳定。

• 制定下发《关于做好全市冬季燃气安全及供应保障管理工作的紧急通知》，明确相关工作要求和职责，并切实加强督办检查。

（3）分析评估

① 责任意识不强。包括企业的主体责任、部门的监管责任、属地的管理责任有履行不到位的情况。

② 安全意识淡薄。部分天然气用户特别是老年人用户安全防范意识不强，对燃气安全知识了解甚少，防范水平和应对能力较差。

③ 设施设备老化。部分天然气管线老化，存在一定安全隐患。

④ 服务人员偏少。企业相关工作人员偏少，服务跟不上市民的需求.

⑤ 采暖方式分散。冬季采暖采取家庭自主方式，管理难度较大。

（4）对策措施

进一步加强宣传教育。要在现有宣传引导力量的基础上，再加力度、再强措施，采取更多更广泛的方式把燃气安全知识传递到广大用气户手中，做到进户到家，确保不留死角。

进一步加强市场监管。由相关部门牵头，对现有燃气采暖用具市场开展定期和不定期检查，并建立健全相关长效机制，确保燃气采暖用具质量安全。

进一步强化各方责任。要强化企业的主体责任、部门的监管责任、属地的管理责任，确保职责明确、任务落实。

4.3 甲醇中毒事故

(1) 事故经过

2009 年，某地公安局 110 指挥中心接报，在某福利院有两人死亡，疑似食物或白酒中毒。公安民警到达现场，初步调查显示，该福利院先后有两名供养对象死亡，死亡前均出现双眼模糊、头昏等症状，死者均有饮酒嗜好，生前曾大量饮酒。

(2) 处置过程

次日，该地两村有 4 名村民酒后死亡。根据公安部门侦查，4 名死者所饮白酒均来自当地一酒水批发部。该店业主王某从日化商店购进甲醇 3.74t，共勾兑假酒 6500kg，已售出约 3534kg，主要销往事发等地。事件发生后，市委、市政府，高度重视，召开紧急会议，研究部署事件的调查处置工作，迅速成立重大食品安全事故应急指挥部，在全县启动重大食品安全事故应急预案Ⅲ级响应，采取控制源头、控制嫌犯、控制市场等一系列措施，组织全县 2000 多名县、乡、村干部，按照“不漏一店、不漏一户、不漏一壶、不漏一例”的要求，彻底清查追缴假酒，快速控制了事态发展，有效维护了社会稳定。

(3) 分析评估

此次甲醇中毒事件敲响了白酒行业安全的警钟。事发地属山区农业县，广大人民群众就有饮用散装白酒的习惯。由于有消费市场，白酒生产加工小作坊遍及全县各地。这些小作坊生产规模小、卫生条件差、产品质量不稳定，质量安全隐患突出。有些小作坊业主受利益的驱动，大量制假售假，特别是在此次事件发生后，仍不从中汲取教训，胆大妄为，顶风作案，严重威胁着人民群众的身体健康和生命安全。因此，如何抓好散装白酒专项整治，维护群众生命安全，成为摆在政府和监管部门面前的一项艰巨任务。在甲醇中毒事件应急处置基本结束后，在县委、县政府的统一部署下，质监、工商等有关职能部门和各乡镇政府下狠心、出重拳，全面开展散装白酒专项整治。

(4) 对策措施

① 领导重视，认识到位

食品安全关系到人民群众身体健康和生命安全，关系到社会稳定大局。在专项整治工作中，政府主要领导多次主持召开白酒整治工作专题办公会议，听取汇报，研究部署散装白酒整治和白酒行业发展大计，着力解决白酒整治工作中的难题，动员各地各部门采取积极行动和行之有效的措施，切实打好这场硬仗。全县上下思想统一，认识到位，为散装白酒专项整治工作的顺利开展打下了良好基础。

② 营造氛围，宣传到位

白酒生产加工由于涉及面广，情况复杂，整治工作难度大、矛盾多。需加大宣传力度，通过把政策讲透，把要求讲明，让企业理解，社会支持。利用广播、电视、宣传橱窗、标语、横幅、会议等多种形式将质量安全法律法规和白酒整治的要求进行广泛宣传，提高全社会的食品质量安全意识，营造白酒专项整治的氛围。印制《食品安全法》等各种宣传资料，发放到各地、各部门和相关企业，并组织专班上门宣传，求得各小作坊业主对白酒专项整治工作的理解支持和配合。同时组织技术培训活动，加强对白酒小作坊业主和质量检验人员的专业培训。这些积极主动的宣传培训活动为白酒整治工作营造了良好氛围。

③ 部门协作，配合到位

白酒专项整治是一项系统工程，需要各地、各部门的密切配合。在白酒专项整治中，质监、工商、卫生、药监、商务、公安等部门和乡镇政府各司其职，密切配合，形成了整治工作合力。政府定期召开联席会议，通报相关情况，研究解决相关问题。公安部门鼎力支持，密切配合，给违法者以极大的威慑力，为案件的顺利办结创造了有利条件。

④ 建章立制，监管到位

一是建立和完善食品安全监管网络，充分发挥食品安全协管员、信息员的作用，加强对白酒小作坊的监督。二是公布举报电话，建立举报有奖制度，强化对白酒生产的社会监督。三是出台相关管理办法，填补了目前白酒小作坊监管的真空，解决了部门职责划分上的一些分歧，利于相关部门加强监管，有效地规范小作坊白酒的生产、销售行为，从制度上保证了白酒行业的质量安全。

4.4 塔吊倾覆事故

(1) 事故经过

2013 年，某建设公司下属的塔吊安装租赁公司在工地拆除塔吊时发生塔吊倾覆事故，导致塔式起重机上的 5 名作业人员坠落，3 人当场死亡，2 人经抢救无效死亡，直接经济损失 319 万元。

(2) 处置过程

事故发生后，省领导立即作出重要批示，要求各级安监部门举一反三，及时整改，加强监管，确保安全稳定。要求各地各部门必须深刻汲取事故教训，迅速组织开展隐患大排查、再整改，严防各类事故发生。凡因履职不到位引发事故的，一律严格问责。市监察、住建、安监、质监、房管局等部门赶赴现场，指导应急救援和善后处理工作。同时，立即启动应急预案，迅速成立事故善后处置专班，一对一的开展善后工作，整个善后处置工作快速有效，社会秩序平稳。

次日，市政府组织召开全市安全生产紧急电视电话会议，下发《关于汲取事故教训切实加强安全生产管理的紧急通知》，部署开展建筑施工、特种设备、道路交通、消防、餐饮场所燃气、矿山、化工等行业的专项整治工作。

(3) 分析评估

在塔式起重机设备拆除时，拆除方未拿出拆除方案经施工总承包单位签字同意，也未向监理单位报告，带领4名无操作证人员进行塔式起重机设备拆除作业，在拆除设备标准节过程中，拆除人员违反操作规程，在起重臂和顶升油缸处于同一侧的状态下，反向顶升作业，导致机上结构整体失稳，顶升套架解体后倾覆，塔式起重机设备上5名作业人员坠落。

施工总承包单位项目经理对塔式起重机设备租赁、安装、使用、拆除等环节管理不到位。监理履行总监职责不到位。建设工程安全监督站，对建设安全工作监管不力，“打非治违”不到位，对工作人员教育、管理力度不够，未认真贯彻落实有关安全生产法律法规，对安全监管工作指导、检查、督促不力。设备监管不严。建设单位未督促总承包单位、监理单位建立健全安全生产管理制度。

(4) 对策措施

① 全面开展安全生产再检查。县政府要严格落实安全生产督促责任，牢固树立科学发展、安全发展理念，坚持“安全第一、预防为主、综合治理”方针，按照市政府办公室下发的《关于集中开展安全生产大检查工作的通知》要求，全面深入开展安全生产大检查工作和“打非治违”专项行动，确保全县安全生产形势稳定。

② 建筑行业主管部门要严格落实安全生产部门监管责任。按照“谁主管、谁负责，谁审批、谁负责，谁发证、谁负责，谁检验、谁负责”的原则，督促、指导本行业生产经营单位严格落实安全生产责任制，监督生产经营单位排查和治理事故隐患，协调解决本行业安全生产的重大和共性问题，掌握本行业生产经营单位安全生产责任落实情况。同时，要依法对生产经营单位贯彻安全生产法律、法规和国家标准、行业标准情况进行监督检查，对本行业容易发生生产安全事故的单位、设施和场所进行严格督办，防患于未然。

③ 强化建筑业企业安全生产主体责任。要进一步强化建筑业企业安全生产主体责任，建设单位和建设工程项目管理单位要督促施工单位、监理单位和各分包单位加强施工现场安全管理。施工单位要依法依规配备足够的安全管理人员，严格现场安全作业，尤其要强化对起重机械设备安装、使用和拆除全过程安全管理。监理单位要合理取费，并严格履行现场安全监理职责，按需配备足够的、具有相应从业资格的监理人员，强化对起重机械设备安装、使用和拆除等危险性较大项目的监理。同时，要加强对特种作业人员的安全教育培训，强化对从业人员的管理，严格落实持证上岗，杜绝“违章指挥、违章操作、违反劳动纪律”三违行为发生。

④ 加强安全监管力量建设。要进一步加强全县安全生产监管机构建设，合理配置相关安全生产监督管理人员。

4.5 污水井作业中毒死亡事故

(1) 事故经过

2014 年，胡某带领袁某、程某至某地污水井处，准备将某公寓四期室外总布污水管道接入市政管网。袁某未佩戴任何防护设备下井作业，在敲除小区污水管道封堵口后不慎吸入有毒气体导致昏迷。程某、胡某未佩戴防护设备先后下井施救，也昏迷在井中。

（2）处置过程

接报警后，当地迅速启动社会应急联动预案。区安监局、建设分局、综治办、公安分局、消防大队及街道等成员单位第一时间赶赴现场，开展伤员救治工作。相关医院全力抢救，袁某、程某两人因中毒时间较长抢救无效于当日死亡，胡某处昏迷状态。

事故发生后，市委、市政府高度重视，连夜召集相关部门(单位)召开紧急协调会议，并成立了事故处理领导小组。组成了事故调查、医疗救护、舆情引导及家属稳控、善后处理等五个工作小组，会后各工作小组立即加班加点24h开展工作。

事发后，有关领导连续三次召集相关部门协调“4·17”事故善后处理工作。善后处理工作小组及时妥善做好死者家属食宿安排，并派专人全程陪同做好家属的情绪疏导和稳控工作。

（3）分析评估

经调查确认：该公寓四期室外总布一标北片工程的建设单位为某经济技术开发区投资发展集团有限责任公司(以下简称经投集团)；项目施工单位为某建设有限公司(以下简称建设公司)；项目实际承包人为建设公司技术负责人顾某；污水管道工程分包人为胡某。

污水管道工程分包人胡某及袁某、程某进行污水管道接入施工，未进行安全教育，没有受限空间作业常识；未进行监测分析，没有开具受限空间作业票；袁某未佩戴任何的呼吸防护措施下井作业，这是事故的主要原因。施救时，盲目施救，未佩戴防护设备先后下井施救，是事故扩大的重要原因。

(4) 对策措施

① 完善工程承包程序，对承包商实行准入制度，禁止层层转包、分包；

② 建设单位应加强对承包商的安全管理，对承包商作业人员进行安全教育；

③ 施工单位应对实际承包人和分包人承担安全管理责任，不能一包了之，不管不问；

④ 加强受限空间作业管理，严格执行 GB 30871—2014《化学品生产单位特殊作业安全规范》；

⑤ 强化应急管理，加强职业防护，提高作业人员自救互救的能力。

5 放射性、腐蚀性及危险化学品运输事故

5.1 放射性物质铱-192 丢失

(1) 事故经过

2014 年 5 月 8 日，某化工园分局接到某检测公司报案，5 月 7 日 3 时至 20 时，该公司在一建设公司院内进行探伤作业期间，丢失用于探伤的放射源铱-192 一枚。5 月 10 日，省卫生厅发布的一份紧急公告引发市民强烈关注，“目前丢失的放射性物质铱-192 已被寻回”。13 日，丢失放射源并被辐射伤害的工人已转院救治。

(2) 处置过程

市环保局 10 日通报称，接到企业报案后，按照《辐射事故应急预案》，公安、环保、卫生等部门成立专项处置小组，全力以赴查找放射源。由于丢失的放射源铱-192 属于二类放射源，因此丢失事件被定性为重大事故。省市环保部门立刻联合公安、卫生等部门成立专项处置小组，按照《辐射事故应急预案》，全力以赴查找放射源。

5 月 9 日凌晨 4 点，处置小组使用仪器对丢失现场和周边进行搜寻。9 日下午，又增派了 10 名人员、4 辆应急车辆、8 台便携式监测仪器，分为 6 组对现场进行地毯式搜寻，未果。

5 月 9 日晚间，公安部门再次搜寻了可能的区域，一直到 10 日早上，仍然没有找到。至此，处置小组确定放射源已经不在厂

区及附近，准备将搜寻的范围扩大，用“人海战术”寻找放射源。

5月10日上午，负责搜寻的2个小组在厂区两公里外的野地中发现疑似目标，10点30分锁定放射源在$2m^2$范围内。经核实，被寻找定位的放射源的特征值与丢失的铱-192源一致，可以确认，已被锁定在$2m^2$范围内的就是一度丢失的铱-192。

5月10日中午12点16分，市环境保护局官方微博发快讯称，“丢失的放射源已锁定并采取安全措施”。

5月10日下午15点30分，虽然放射源已被锁定，但由于当地地形复杂，杂草丛生，放射源近似黄豆大小，且技术人员不能长时间近距离寻找。处置小组决定在现场设置昼夜高度警戒区域，并采取安全防范措施。下午17点30分，根据方案，工作人员连同放射源周围的土壤也一同挖出，并放入安全箱带回了实验室。

（3）分析评估

铱元素本身没有放射性，用于工业探伤。现在的用途主要是制造高级金笔的笔尖，还有用于科研的坩埚和用于制作科学仪器、热电偶、电阻线等。铱-192和铱是同位素，但铱-192是放射性同位素，两者的区别在于其原子核内中子数不同，所以导致一个有放射性而一个没有。

由于丢失的放射源铱-192属于二类放射源，省环保部门接到报告后立即赶往事发现场。省市环保部门立刻联合公安、卫生等部门成立专项处置小组，按照《辐射事故应急预案》，全力以赴查找放射源。接报后处警及时，指挥有序，措施有效。

（4）对策措施

环保部门加强对放射源使用单位的许可证管理制度；对放射源本身则进行“身份证管理”，每一个放射源都有编码，其从被生产出来的“出生”到“死亡”的注销都有全程信息化监管；报废后要将其送到专用放射性废物库进行储存。

使用单位放射源需要转移、转让，必须到相关部门进行备案审批。安全收储放射源好放射性废物，转移到国家的研究处置场；使用单位每年要将人员可能受到照射情况进行报备。

5.2　浓硝酸疏水管线腐蚀事故

（1）事故经过及处置过程

2011年，某化工厂浓硝系统因蒸汽突然中断，系统紧急停车，后左右供气恢复正常浓硝工段开始开车，在开车过程中发现浓硝工段硝酸镁加热器，硝酸镁蒸发器疏水管线及阀门漏气越来越严重，虽然紧急堵漏处理，但因管线、阀门漏气较为严重无法维持正常生产，浓硝系统被迫紧急停车处理。

（2）分析评估

在浓硝系统紧急停车后检查发现硝酸镁加热器，硝酸镁蒸发器疏水管线及阀门出现不同程度腐蚀现象，通过查看浓硝中控记录发现，浓硝工段用于系统保温保压蒸汽压力降到0MPa，说明系统供气突然中断，由于中控人员在紧急停车后就离开岗位到现场进行检修工作，未发现问题，由于硝酸镁加热器在长期使用后部分列管已漏，在系统无蒸汽保压时导致未经严格脱销的硝酸镁进入换热管内，在系统恢复正常后，在操作人员没有认真检查情况下就进行开车，导致换热管的硝酸镁进入疏水管线，导致硝酸镁中含有的硝酸将疏水管线、阀门腐蚀。

（3）对策措施

浓硝系统停车后，硝酸镁加热器、蒸发器尽量保温保压，保温蒸汽压力维持在0.5MPa以上；在没有蒸汽情况下，必须将加热器输水阀前后截止阀，近路截止阀全部关闭，打开疏水导淋阀，通过硝酸镁加热器排净阀把硝酸镁溶液全部排空，尽量保证加热器没有液位；在系统恢复供气后，先缓慢稍开加热器蒸汽阀门，冲洗加热器换热管由导淋阀排净置换冷凝水，直到排水水质正常后，将疏水管线阀门恢复正常，关导淋阀。

5.3 浓硝酸操作工烧伤事故

(1) 事故经过

2013年，某化工厂在开车过程中，因阀头断无法关闭阀门，生产被迫停车。在系统置换后，拆下阀门并予以更换，操作人员在装好阀门加垫子时，突然有酸喷向站在西侧的操作人员，造成其颈部、面部、手不同程度的灼伤。

(2) 处置过程

事故发生后，现场人员立即关闭上游阀门，将受伤的操作人员救出场外，用流动清水冲洗受伤部位，对其伤部进行处理，并由车间值班人员送其去医院就诊。

(3) 分析评估

本工段管线为高硅铸件所有连接部位均采用对开法兰连接，遇外力时易造成管件连接处变形，出现泄漏。通过现场分析，造成人员烧伤的应为临近连接部位受外力变形造成的外喷。由此推断在更换阀门加垫子过程中，因受外力过大造成连接部分出现漏酸，这是事故主要原因。操作人员在更换阀门的过程中，没有正确穿用劳保用品，是造成事故重要原因。从现场情况来看，在更换阀门的过程中，存在较多问题，即更换垫片时应将阀门全开，先紧固上端法兰，后紧固下端法兰，而不应该同时加垫子后紧固，操作人员对事故发生有一定责任。

(4) 对策措施

① 加强职工安全教育及业务学习，特别基本操作过程中理论知识和安全知识。

② 加强安全防护用品的使用管理，对工作中不严格执行劳保用品使用方法考核，特别是对因抢进度而放弃安全行为的批评、教育、考核。

③ 在可能经常操作的对开法兰紧固件采用厚塑料包扎，防止因外力变形喷酸。

5.4 高速公路三氯氢硅泄漏燃烧事故

(1) 事故经过

2011 年，位于武黄高速公路鄂州段黄石往武汉方向 36km+350m 处(路口收费站前 1.3km)一辆槽罐车顶部安全阀破裂，导致罐内储存的 23.7t 三氯氢硅发生大量泄漏并发生燃烧，挥发的气体四处弥漫，严重危及武黄高速行驶车辆和周围村民安全。

该高速公路是鄂东南的交通大动脉，全程 70km，设计日通行能力 2.5 万辆，但自 2010 年下半年以来，实际日均车流量近 5 万辆，高峰时期近 10 万辆。事故发生于武黄高速黄石往武汉 36km+350m 处，北面，居住着数百户居民，南面农田，东西向为武黄高速公路，事故车辆前方车辆已全部驶离，后方有大量车辆滞留。当日气温 24~33℃，偏南风，风力 2 级。

此次事故随时可能引发爆炸，三氯氢硅在空气中极易燃烧，遇明火则强烈燃烧，三氯氢硅的蒸气能与空气形成浓度范围很宽的爆炸性混合气，受热时引起猛烈的爆炸。同时，可能引发化学危害，三氯氢硅遇水生成盐酸烟雾，可引起角膜损伤，呼吸道炎症，甚至肺水肿，长伴有头昏、头痛、发力、恶心、呕吐、心慌等症状。溅在皮肤上，可引起坏死，溃疡长期不愈。

市 119 消防指挥中心接到报警后，迅速调集市应急救援支队迅速赶到现场处置。相关领导第一时间赶到事故现场，组织指挥事故处置，市安监、环保、路政等部门和区政府有关领导及市危险化学品安全专家也迅速到场参与协调指挥。经过救援人员 3 个小时的奋战，明火被扑灭，成功对泄漏点进行物理隔离，救援人员将事故车辆成功护送至随州境内，次日凌晨向市应急救援支队及物料接收厂方移交完毕。

（2）处置过程

① 侦检警戒，疏散人员。市应急救援支队特勤中队到达现场。根据现场情况，现场指挥员初步确定了“管制交通，划定区域，遏止扩散，有序处置，确保安全”的除险方案，并按照既定程序划分两个小组迅速实施处置。

② 冷却抑制，防止爆炸。为便于现场处置，防止燃烧引发爆炸，现场指挥员决定对罐体进行冷却抑制，防止因温度过高发生爆炸。

③ 靠前指挥，捆绑堵漏。市应急救援支队第三批救援人员赶到到场后。经现场指挥人员紧急研究后，决定使用干粉扑灭明火，然后使用石棉毯将泄漏点与空气隔绝开，防止二次反应燃烧，最后将罐车护送至目的地厂区，交由厂方技术人员处置。

市委、市政府领导率领市安监、环保部门相关领导和危险化学品安全专家到场参与指挥。危化品专家详细了解现场情况后，基本肯定了支队的处置方案，并就处置过程中的注意事项和泄漏点的覆盖方法提出了专业建议。

经过长时间的冷却抑制，罐体上方浓烟有变淡的迹象，救援人员利用干粉灭火器，对阀门处进行干粉覆盖，将火势彻底扑灭，之后根据泄漏情况，确定采取捆绑式堵漏带进行捆绑堵漏、控制泄漏的战术措施。经过安全高效的作业，堵漏完毕，经侦检小组再次侦检，堵漏成功。

④ 全程护送，消除隐患。现场处置完毕后，因目的地厂区距现场距离较远，为防止行驶过程中再次出现泄漏事故，救援人员会同高管交警，进行全程护送。

市救援人员制定了处置方案：一是实施警戒，并消除现场一切明火；二是由厂方安排一台槽罐车，实施车与车倒罐处置；三是运用法兰堵漏装置做好堵漏准备，倒罐结束后实施全面堵漏；四是厂区内准备好加压氮气和腾空的物料罐，在堵漏完毕后实施氮气加压排料，将事故车罐内物料全部倒至物料罐内，完成最终处理。

（3）分析评估

① 部分救援器材功能不足。处置过程中，侦检、堵漏等装备无法充分满足救援需要。

② 联动配合默契度有待提高。应急救援支队中队与中队之间，救援支队与其他警种之间，政府救援力量和社会应急力量之间的整体联动配合有待进一步提高。

③ 部分群众安全防范意识不强，增大了疏散工作难度。

（4）对策措施

① 反应迅速，技能娴熟。接到报警后，市应急救援支队调度指挥中心，迅速启动危险化学品事故应急处置预案，调集三个中队 61 名官兵及 12 台消防车(水罐车 9 台、抢险救援车 1 台、防化洗消车 1 台、泡沫车 1 台)赶赴现场。救援人员到场后能够按照危险化学品灾害事故处置程序，果断占领上风，采取警戒、防护等有效措施，为成功处理此次事故奠定了基础。同时，现场指挥员在认真侦察和分析下果断决策，采取科学得当的冷却抑制战术，收到了良好的效果，控制了灾害事故的扩大。

② 联动有效，保障到位。事故发生后，市应急救援支队迅速与市、区、乡镇各级应急管理部门取得联系，紧急调集干粉、砂土和水泥等灭火剂，由市政府应急办牵头，在交警、高管的配合下，区政府征调的灭火剂第一时间运抵事发地，为现场处置提供了物资保障。随后，市安监、环保部门的专家陆续达到现场，特别是市危化品安全专家提供的专业建议，对事故的圆满处置提供了有力支撑。

5.5 氯乙酸甲酯运输车翻车事故

(1) 事故经过

2011 年，一辆装有 146 桶氯乙酸甲酯(每桶约 250kg)的运输车在行驶途中，因转弯过急、过快，导致 46 桶危化品掉落，其中有 4 个桶裂开，个别桶的盖子发生松动，氯乙酸甲酯发生泄漏。

(2) 处置过程

接到报告后，市环保局应急人员抵达事故现场，并立即协助开展应急处置工作，同时上报省环保厅应急办。省环保厅应急办接报后，迅速报告分管厅领导，同时要求市环保局加强应急监测，协助当地政府做好应急处置工作，并组织省厅应急专班待命增援。

现场主要采取五项应对措施：一是协助划定安全距离，隔离事故现场；二是协助各相关部门疏散附近居民；三是开展现场环境应急监测，在事故发生地附近敏感点设置监测点位；四是在出事地附近就地筑起围堰，收集消防喷淋水；五是对泄漏的危化品及消防废水用砂子、黏土进行吸附。

(3) 分析评估

截至次日上午，裂开的桶已重新换桶分装，重新装车，均暂存在附近化工公司。经市环境监测站现场监测，事故区域环境空气恢复正常。事故处置过程中用于吸附危化品的砂子、黏土已装车运到水泥危废品暂存库保存，待水泥检测完成后可进行处理。经现场勘查，事故点附近无河流湖泊，对居民正常饮用水未造成影响，未对当地居民生产生活造成影响。

(4) 对策措施

一是地方政府应是应急处置工作的责任主体。由于突发环境事件一般涉及多个方面和部门，比如此次危化品运输事故，需要动用公安、消防、环保等多个部门的力量，单一部门或单位不可能进行有效的组织协调。现场必须要多部门协调、联动，共同处置。因此，地方政府在环境事件中的主导作用不可替代，及时、有效地组织协调能最大限度控制事态发展，减少事故损失，减轻对环境的影响。

二是急需建立应急储备物资及信息库。本次处置过程中用于吸附危化品的砂子、黏土等需要处置时，地方环保部门难以找到有相应资质的处置单位。经省厅应急办多方协调，最终找到暂存公司，待其处理。

5.6 高速公路危险化学品泄漏事故

(1) 事故经过

2012 年，在京沪高速公路临沂苍山段，一辆运送危险化学品的槽罐车发生翻车事故，所载 120 号溶剂油部分泄漏。当地市、县、镇三级紧急启动应急响应，及时有效处置，未造成人员伤亡、重大损失和次生灾害。事发当日正值隆冬，天降小雪最低气温-3℃、最高3℃，北风3~4级。一辆载有30t 120号溶剂油的重型槽罐挂车沿京沪高速公路由北向南行驶至上海方向668km处，因桥面有冰雪、驾驶员操作失误，车辆失去控制，撞断右侧护栏翻落桥下，车载油罐破损，罐内溶剂油发生泄漏。

这起事故泄漏点位于高速公路桥正下方5m处，该处日车流量约2.2万辆。120号溶剂油是无色透明液体，有强烈刺激气味，易燃、易爆、易扩散，毒性强，危害大。30t 120号溶剂油泄漏一旦遇到明火或静电，极易引发大火，形成连锁爆燃，极可能造成重大人员伤亡，导致高速公路桥坍塌，影响交通大动脉京沪高速公路通行。同时，泄漏点距河道仅3m，距下游鲁苏边界断面不足20km。若泄漏液体流入河道，不但严重污染当地水源，还将造成跨省界污染，危及江苏省北部几个县饮水安全，甚至污染南水北调主干线京杭大运河。

(2) 处置过程

① 迅速调集救援力量

接到事故报告后，市委、市政府高度重视，立即要求全力救援并迅速启动危险化学品突发事件应急响应，迅速调集力量全力救援，确保人员和环境安全，防止发生次生灾害。

县公安消防大队派出1辆抢险救援车、1辆大吨位水罐消防车和14名消防官兵赶赴现场。随后，县公安局交警大队派出两辆交通事故勘查车、10名干警，邻近区公安消防大队派出1辆抢险救援车、6名官兵增援。

县政府及有关部门负责同志到达现场后，市政府应急办，市公安、交警、消防、公路、环保、安监等部门负责同志和相关专家陆续赶到，成立了现场救援指挥部。经现场调研和专家论证，确定了“现场实行交通管制、疏散群众和车辆、就地控制导流泄漏液体、消除环保危害”的处置方案。同时作出部署：消防部门迅速增加救援力量，采用专门器械控制 120 号溶剂油泄漏，确保不发生爆炸和中毒事故；市公安、交警、公路等部门和县政府做好现场警戒、群众疏散、高速公路封闭分流和后勤保障等工作；安监部门做好 120 号溶剂油特性分析、救援技术指导、专家支持等工作；环保部门做好周边环境特别是水体检测，提供技术支持，严防环境污染。

② 果断控制事故现场

现场救援指挥部迅速成立侦查组、警戒组、疏散组。经侦查组危险化学品专家现场侦查后，调整了相关部署：疏散组立即疏散周围无关人员，所有车辆熄火，泄漏点除消防官兵 6 人，其余人员全部撤离至安全距离之外；警戒组对事故现场及周边地区进行再次搜索，加强警戒；侦查组对泄漏点进行不间断观察记录，等待增援力量；组织消防官兵选择最佳地点设立水枪阵地，做好 120 号溶剂油起火压制准备，并准备对泄漏液体进行水冲稀释。

警戒组在距事故现场南北各 1000m 处封锁京沪高速公路，在距泄漏点 500m 处设置环形警戒带，防止车辆、人员进入。疏散组迅速将无关人员转移至警戒带以外，并疏散过往车辆。经省交警总队协调，有关部门从京沪高速公路泰安段、莱芜段开始，采取远端分流控制措施，防止大量车辆积压在事故路段；对京沪高速公路临沂段各出入口实行双向封闭，并分流车辆。

③ 科学决策迅速排险

针对 120 号溶剂油易燃、易爆、易扩散的特性，现场救援指挥部充分听取专家意见，研究制定了两套处置方案。方案一立足迅速排除爆炸隐患，利用当时风力较大的条件和 120 号溶剂油挥发性强的特点，派专业技术人员将泄漏罐体阀门打开，扩大排放量，用水枪将泄漏液体冲入附近河流稀释挥发。方案二立足同时排除爆炸和环境污染隐患，派专业技术人员在水枪掩护下用专用工具拆卸罐体部件，用专用泵将罐内 120 号溶剂油导流到其他罐车内，同时对已泄漏的液体进行围堵、稀释。现场救援指挥部经过研究比较，认为方案一简单易行、用时短，但仅能排除爆炸隐患，极易造成环境污染；方案二需要专门设备、实施环节多，操作复杂、用时长，救援人员安全风险大，但能同时解决爆炸和环境污染两大问题，没有次生灾害后患，有利于最大限度地保护群众生命财产安全。

现场救援指挥部确定实施方案二，紧急调集空油罐车、专用工具和专业技术骨干增援。现场救援指挥部精心挑选业务精湛、心理素质过硬的 3 名尖兵具体操作。由于罐体部件螺丝锈蚀紧固，操作人员使用的专用无火花工具承力不足、难以拆卸，他们将常用金属破拆工具打湿，用棉布包裹使用，有效避免了操作时产生火花、引发爆炸。

下午，石化公司专用罐车开始实施导油作业，破损罐体内的溶剂油输转完毕，主要险情得到排除。

④ 全力保护环境安全

为防止泄漏液体造成环境污染，现场救援指挥部派环保专家和技术人员进入现场，立即采取以下措施：在罐体周围紧急构筑土质围堰，防止泄漏液体流入河道；对河道水体进行实时监测，全面掌控水质状况；勘察河道上下游地形和水利设施情况，研究确定紧急情况下污水截流方案，做好修筑拦截坝的相关准备；待罐体导流抽空、泄漏液体处理完毕、彻底清除罐内残油后，加强罐体和泄漏点土壤环保检测，确保环境安全。

爆炸险情排除后，现场救援指挥部作出部署：环保部门继续跟踪监测；警戒组继续实施现场保护；消防官兵继续用水冲洗泄漏现场，将罐内注满水，防止残留溶剂蒸发；将破损罐体和车辆吊装转移至空旷处处理，对参战车辆、装备、器材、人员进行洗消和检测。

经危险化学品处置专家确认现场安全后，解除现场警戒和京沪高速公路交通管制，各救援队伍有序撤离，救援结束。

救援结束后 10 日内，当地镇政府配合环保部门到事故现场检测巡查守护，防止其他事故发生。

(3) 分析评估

① 统一指挥、应急联动是成功处置事故的根本

不断完善组织领导和应急联动机制，设立14个市级专项应急指挥机构，卫生、安监、环保等相关市直部门和15个县区全部成立了应急领导和办事机构，全市157个乡镇(街道)均明确了应急机构和负责人。

② 完善预案、加强演练是成功处置事故的基础

危险化学品运输事故处置难度大、风险高、专业性强、涉及面广，必须建立科学高效的应急救援体系。加强应急救援队伍建设，强化预案演练，切实提高预案的针对性、操作性、实效性。制定出台了“临沂市冬季高速公路保安全保畅通交通应急管理工作预案”，明确应急响应程序和职责任务，构建了应对恶劣天气联勤联动机制。

③ 信息报送及时准确、现场处置得力是成功处置事故的关键

以落实责任为重点，不断完善应急值守机制，坚持24h领导带班值班制度，落实值班责任，确保信息畅通。实行“日报告”和“零报告”制度，指定专人报送突发事件信息，对信息报告的主体、内容、时限、格式等作出明确规定，紧急情况下可采用灵活、快捷的方式报告，对重大突发事件及时查询、跟踪、汇总、续报。

通过这次救援，也发现了以下问题和不足。一是应急救援预案操作性不够强，不能完全适应复杂情况下的救援需要；二是救援专用装备保障水平有待提高，高水平专家及技术人员缺少；三是救援现场管理有待加强，过往车辆挤占应急专用车道，影响救援；四是事故防范、救援联动机制需要进一步完善，危险化学品运输管理有待加强等。

(4) 对策措施

① 进一步完善应急预案体系

建立"纵向到底、横向到边、全面覆盖、相互衔接"的应急预案体系，是有效处置各类事故的前提条件。此次事故是一起因道路交通事故引发的危险化学品泄漏事故，救援涉及交通、危险化学品两件专项预案和市、县、镇三级预案体系，救援中各个预案较好地发挥了作用。应继续以总体预案为龙头、专项和部门预案为支撑，理顺相关预案间的衔接匹配关系，健全完善整个应急预案体系。系统总结各类事故救援实践经验，剖析救援案例，积极探索应急救援规律，深化对事件演化过程的理性认识，制定贴近实战、切实管用的预案。针对不同类型事故发生特点，搞好风险评估，全面排查隐患点，增强事故预测、预防和预警能力。有针对性地开展不同条件下的应急预案演练，在演练中发现问题、解决问题，不断提高实战能力，完善预案体系。

② 进一步加强救援保障能力建设

专业救援队伍和应急救援装备是有效应对处置各类突发事件的重要保障。县级及以下基层救援队伍人员少，业务素质低，专业技术差，不能满足各类突发事件特别是危险化学品事故的处置需要。

5.7 高速公路危险化学品燃烧事故

(1) 事故经过

2008 年，一辆重型槽罐车载有 16t 二硫化碳，行至大广高速公路河南周口扶沟段 K242km 处(距高速公路扶沟服务区北约 2km)，因罐体前部破裂，造成二硫化碳泄漏，发生燃烧。事故车辆停靠于高速公路护栏边缘，主驾驶员和押运员逃离现场。罐体上部形成猛烈喷射火焰，发出刺耳的呼呼声，底部有流淌火，火势较大。驾驶室及前面4个轮胎已全部烧毁，罐体处于烈焰的炙烤之下，空气中弥漫着刺鼻的恶臭味，随时都有发生爆炸的可能。

（2）处置过程

事故发生后，副驾驶员向当地110指挥中心电话报警。县消防大队出动3部泡沫及水罐消防车和15名官兵奔赴现场。市消防支队指挥中心接到报告后，调集12部消防车60余名官兵前往增援。省消防总队领导赶到现场后又调集消防官兵到场增援。接到请求报告后，驻地某部政委带领防化部队官兵，携带装备，赶到现场参加增援。次日凌晨，泄漏燃烧事故得到成功处置，避免了一起恶性爆炸和环境污染次生灾害事故的发生，周边群众及参战官兵无一伤亡。次日中午，大广高速恢复通行。

大广高速事故发生后，市委、市政府主要领导迅速做出指示，要求采取有效措施处理事故，确保人民群众生命财产安全。主管副市长及公安、消防、安全监管、环保、交通、卫生等部门和县主要领导，立即赶到事发现场，迅速启动应急预案，成立了现场救援指挥部，并紧张有序地开展救援工作。

事故上报后，引起了省委、省政府的高度重视。相关领导最早赶临现场，在前线指挥事故救援。省环保局、公安厅等部门和领导也到现场指挥救援。现场立即召开省直有关部门及市县领导会议，进一步研究事故救援方案，迅速开展如下救援工作。一是消防总队要迅速增加救援力量，就近调集消防队，实施现场施救，进行冷却降温、控制火势、防止爆炸；二是环保部门做好周边环境检测、水体检测，采取一切措施，严防土壤、水体、大气污染；三是市、县政府做好高速公路封闭、现场警戒、群众疏散、后勤保障等工作，并迅速抓捕逃逸货主和押运员；四是省安监局做好救援技术指导、专家支持、事故车辆数据分析、生产企业情况调查等工作。

国家安全监管总局得到报告后，相关领导立即赶到事发现场，指导事故救援。

① 关闭高速，疏散群众

对大广高速扶沟至鄢陵段实施交通管制，对现场周围村庄群众进行“拉网式”紧急疏散，5 个村庄、2000 多户、8500 多名群众被转移至安全地带。同时设立警戒线，昼夜巡逻，防止人员回流。

② 冷却降温，控制火势

用车载泡沫炮对槽车罐体顶部火势进行阻击，对流淌火进行压制。用水枪消灭驾驶室明火后再对罐体前部冷却。一门自摆水炮对罐体进行冷却，并根据火情变化适时调整位置。严密监视火情变化和未完全燃烧残液在高速公路沟内的汇聚情况。要求前线人员身着防化服，佩戴空气呼吸器，确保自身安全。高速服务区启动增压泵，增强消火栓系统压力。8 辆水罐车负责运水，确保主战车辆供水。

③ 注水封存，阻燃防爆

由于二硫化碳属低闪点易燃液体，在常温下易挥发，比水重且不溶于水。因此，指挥部决定采取注水封存的办法，防止二硫化碳液体继续挥发和着火燃烧。使用抽吸泵，对罐内液体进行吸排，导入排水沟。

④ 吸附漏液，筑堤导流

用水泥、沙土筑堤，将泄漏的或流入排水沟的二硫化碳液体截流控制。投入大量活性炭，进行吸附中和，并及时转移地方、迅速处置，防止污染环境和次生事故发生。

⑤ 倒罐操作，转移物料

罐体由前后两个容器组成，前部已基本泄漏燃烧完全，专业技术人员将罐体后部容器残存物料立即进行倒罐操作，移入专用危化品运输车辆，由消防车监护送往同类生产厂回收处理。

⑥ 现场洗消，环保检测

将罐体吊装至运载车、事故现场及参战车辆、装备、器材、人员进行洗消和分析检测，确认各项指标正常后，解除高速管制，群众有序返家，恢复现场，救援结束。

（3）分析评估

① 事故处置的成功经验

此次事故救援经验主要有五条。一是应急专家发挥作用，方案制定科学。本次事故救援聘请的专家是从事近 30 年化工生产技术研究、安全评价、教学管理的资深化工专家，经验丰富，技术娴熟，研究认真，将危险物转移到空旷处。随后对救援提供了技术保障。二是指挥人员沉着冷静，措施得力。疏散人员，实施交通管制，吸附漏液，筑堤截流，吸附中和，倒罐操作，拖离现场，整个过程有条不紊、处置有序，保证了救援人员安全，这是抢险取得成功的关键。三是救援人员英勇顽强，临危不惧。消防部队、防化部队和企业救援力量协同作战，冒着随时可能发生爆炸的危险，顶着高温烈焰的烘烤和毒气的威胁，不顾个人安危，冲锋在前，操作认真，奋勇拼搏，这是救援取得成功重要因素。四是领导重视，靠前指挥，决策正确。国家、省、市、县及有关部门，第一时间赶到事发现场，听取各方意见，研究救援方案，协调各种资源，果断正确决策，为事故成功救援提供了强大动力。五是紧急动员，共享资源，配合协作。这里有国家、省、市、县各级政府之间的统一协作，有安全监管、环保、公安、消防等各部门之间的配合协作，有同类产品生产企业的技术协作，有各类救援力量的密切协作，还有各省、区关于运输车辆、生产厂家、使用厂家等信息通报协作和事故调查协作。正是协作，为事故处置提供了全方位支持保障；正是协作，使事故救援得以迅速开展；正是协作，使救援成功打下了坚实基础。

② 事故教训和存在问题

虽然本次事故得到成功处置，没有人员伤亡及环境污染，但是大广高速公路封闭长达50多个小时，紧急疏散群众8000余名，直接经济损失约200万元，国家、省、市、县四级应急联动，调集防化部队、消防部队及地方应急救援人员数百人，调动大量装备、器材及活性炭、中和剂等物资数十吨，造成了很大的经济损失和不良的社会影响。同时通过此次事故救援，还发现存在以下问题。一是应急救援专业队伍匮乏，现场救援主要还是依靠消防官兵，专业技术指挥人员缺少，参战各方意见分歧，救援力量相对分散；二是应急救援物资、特种装备、防护用品不足，后勤保障不能及时到位，应急预案不完善、操作性差；三是联合行动中具体指挥人员不太明确，各方力量协调较难，应急救援进程缓慢；四是业主及驾驶人员非法、违法、“三违”、“三超”现象屡禁难止，运输车辆隐患较多，相关部门监控手段落后，管理措施缺乏。这些问题必须引起重视，尽快予以解决。

（4）对策措施

① 加快应急救援法制建设

出台《安全生产应急管理条例》等法规，各级政府、各部门单位、各社会组织及个人，都要遵守法律规定，明确责任和义务，增强法制意识，依法生产经营，依法行政管理，将安全生产经营及应急救援工作规范化。

② 广泛开展应急宣教培训

切实增强全民安全生产意识，坚决反“三违”、治“三超”。加大宣传教育力度和广度，相关人员要掌握自救互救知识，提高防御事故能力。生产经营单位制定和完善应急预案，加强专项救援演练，提高救援的针对性、有效性、操作性。

③严格坚持检查执法制度

相关部门要建立应急救援网络，互通信息、资源共享，进一步加强危险化学品运输事故应急救援和调查协作。严格资质许可，实施源头治理。加强执法检查，联合开展整顿治理行动，加大对非法违法生产、经营、运输等行为的打击力度。开展隐患治理，消除事故隐患，实现本质安全。

④ 加强专业救援队伍建设

按照政府投入为主体、企业投入为支撑、社会资助为辅助的原则，建立一个多渠道、多形式的应急保障体系，着力配备救援装备、专用器材、特种工具和应急物资，切实增强事故救援能力。

⑤ 建立应急救援信息平台

政府统一领导，建立拥有图文视频、地理信息、卫星定位等功能的接警处警系统，将安全生产事故报警与110、119、120、环保等应急救援统一纳入其中，全国统一报警呼号，便于群众熟记报警，全国联网GPS监控平台，对各类事故及其救援工作，实现统一指挥、分类施救、信息共享、协调联动、高效快捷。

⑥ 完善统一指挥协调机制

整合分散在各系统、各部门、各单位的社会资源，形成协作联动机制，统一指挥协调重特大事故救援工作。完善救援专家管理办法，对应急资源、救援专家、预警信息全面掌握，充分发挥专业人才作用，提供全方位技术支持，确保事故救援科学高效。

附录

化学事故应急救援单位联系方式

1. 各地火警电话：119
2. 各地报警电话：110
3. 各地医疗急救电话：120
4. 国家安全生产监督管理总局化学品登记中心

   国家化学事故应急咨询电话：0532-83889090(24 小时)
5. 国家中毒控制中心

   24 小时热线电话：010-83132345，63131122
6. 国家中毒控制中心河南分中心(河南省职业病防治研究所)

   热线电话：0371-66959721，66967348
7. 国家中毒控制中心广东分中心(广东省职业病防治院)

   24 小时热线电话：020-84198181
8. 国家中毒控制中心沈阳网络医院(沈阳市第九人民医院)

   24 小时热线服务电话：024-25718880，25718881
9. 国家中毒控制中心徐州网络医院(徐州第三人民医院)

   热线电话：0516-83575037(日)，83770936(24 小时)
10. 上海市中毒控制中心

    咨询电话：021-62951860，62758710-1720

参 考 文 献

[1] 国家安全生产应急救援指挥中心．危险化学品应急救援[M]．北京：煤炭工业出版社，2008.

[2] 中国疾病预防控制中心．最新实用危险化学品应急救援指南[M]．北京：中国协和医科大学出版社，2003.

[3] 任树奎．危险化学品常见事故与防范对策[M]．北京：中国劳动社会保障出版社，2004.

[4] 方文林．危险化学品基础管理[M]．北京：中国石化出版社，2015.

[5] 方文林．危险化学品法规标准[M]．北京：中国石化出版社，2015.

[6] 方文林．危险化学品应急处置[M]．北京：中国石化出版社，2015.